Descobrir Jogos Online Grátis

Disponível Aqui:

BestActivityBooks.com/FREEGAMES

5 DICAS PARA COMEÇAR

1) CÓMO RESOLVER LAS SOPA DE LETRAS

Os puzzles têm um formato clássico:

- As palavras estão escondidas sem espaços ou hífenes,...
- Orientação: As palavras podem ser escritas para a frente, para trás, para cima, para baixo ou na diagonal (podem ser invertidas).
- As palavras podem sobrepor-se ou intersectar-se.

2) APRENDIZAGEM ACTIVA

Ao lado de cada palavra há um espaço para anotar a tradução. Para encorajar a aprendizagem activa, um **DICIONÁRIO** no final desta edição permitir-lhe-á verificar e expandir os seus conhecimentos. Procure e anote as traduções, encontre-as no puzzle e adicione-as ao seu vocabulário!

3) MARCAR AS PALAVRAS

Pode inventar o seu próprio sistema de marcação - talvez já use um? Pode também, por exemplo, marcar palavras difíceis de encontrar com uma cruz, palavras favoritas com uma estrela, palavras novas com um triângulo, palavras raras com um diamante, e assim por diante.

4) ESTRUTURANDO A APRENDIZAGEM

Esta edição oferece um **CADERNO DE NOTAS** prático no final do livro. Nas férias, em viagem ou em casa, pode facilmente organizar os seus novos conhecimentos sem a necessidade de um segundo caderno!

5) JÁ TERMINOU TODAS AS GRELHAS?

Nas últimas páginas deste livro, na secção **DESAFIO FINAL**, encontrará um jogo gratuito!

Rápido e fácil! Consulte a nossa colecção de livros de actividades para o seu próximo momento de diversão e **aprendizagem**, a apenas um clique de distância!

Encontre o seu próximo desafio em:

BestActivityBooks.com/MeuProximoLivro

Aos vossos lugares, preparem-se...Vão!

Sabia que existem cerca de 7.000 línguas diferentes no mundo? As palavras são preciosas.

Adoramos línguas e temos trabalhado arduamente para criar livros da mais alta qualidade para si. Os nossos ingredientes?

Uma selecção de tópicos adequados à aprendizagem, três boas porções de entretenimento, e depois acrescentamos uma colherada de palavras difíceis e uma pitada de palavras raras. Servimo-los com amor e máximo divertimento, para que possa resolver os melhores jogos de palavras e se divirta a aprender!

A sua opinião é essencial. Pode participar activamente no sucesso deste livro, deixando-nos um comentário. Gostaríamos de saber o que mais lhe agradou nesta edição.

Aqui está um link rápido para a sua página de encomendas:

BestBooksActivity.com/Avaliacoes50

Obrigado pela vossa ajuda e divirtam-se!

A Equipa Inteira

1 - Dirigindo

营 刹 技 球 马 球 击 戏 术 猎 猎 利 动 摄
汽 车 鱼 拳 达 技 益 术 棒 动 利 纫 足 画
气 体 库 警 放 魔 绘 趣 狩 动 足 针 钓 拼
远 猎 活 察 放 阅 拼 球 纫 狩 阅 影 松 鱼
阅 瓷 篮 品 舞 读 织 潜 警 益 阅 鱼 品 猎
益 趣 魔 狩 动 击 缝 地 球 告 篮 绘 隧 技
图 艺 钓 瓷 影 针 趣 路 图 运 输 执 道 击
安 全 击 游 技 法 事 益 能 艺 阅 照 放 图
球 图 松 画 园 钓 故 游 园 交 通 街 潜 拼
乐 击 远 缝 画 瓷 摩 托 车 织 营 魔 足 猎
击 露 戏 跳 工 摄 行 瓷 营 危 魔 棒 游 露
钓 动 能 营 瓷 技 人 潜 能 险 戏 针 潜 远
潜 燃 篮 露 击 园 猎 营 舞 猎 园 篮 趣 织
狩 料 跳 乐 品 钓 暇 松 狩 篮 瓷 松 阅 露

事 故　　　　　　　摩 托 车
汽 车　　　　　　　马 达 人
燃 料　　　　　　　行 险
警 告　　　　　　　危 警 察
刹 车　　　　　　　安 全
车 库　　　　　　　运 输 通
气 体　　　　　　　交 隧 道
执 照
地 图

2 - Atividades

游	读	针	摄	鱼	纫	远	魔	陶	拼	技	阅	跳	能
营	松	松	营	猎	球	工	足	园	动	能	魔	游	放
击	法	露	针	技	织	趣	法	跳	狩	足	益	法	拳
品	缝	工	击	园	益	拼	击	影	暇	狩	篮	动	阅
松	活	趣	技	舞	益	潜	击	暇	营	跳	陶	瓷	狩
图	动	乐	动	品	潜	织	阅	利	益	足	纫	球	影
缝	品	潜	摄	影	缝	足	动	图	魔	缝	放	阅	读
钓	鱼	放	松	术	棒	狩	艺	篮	益	潜	园	工	暇
图	读	篮	摄	乐	纫	乐	艺	术	纫	影	活	艺	趣
摄	钓	纫	品	术	趣	钓	技	狩	跳	工	动	品	魔
术	球	棒	艺	游	乐	远	缝	球	技	钓	术	能	画
狩	缝	潜	游	潜	读	摄	影	活	动	球	狩	乐	趣
绘	拳	图	戏	动	阅	篮	瓷	露	缝	绘	猎	阅	益
读	读	篮	织	法	潜	图	术	拼	利	摄	戏	动	营

艺术
工艺品
活动
狩猎
远足
陶瓷
摄影
技能

利益
园艺
游戏
阅读
魔法
钓鱼
乐趣
放松

3 - Churrascos

益	园	跳	家	拳	影	乐	技	营	鱼	读	拼	绘	陶
魔	鱼	鸡	庭	能	球	绘	洋	图	影	活	潜	技	盐
棒	狩	放	技	暇	松	营	钓	葱	刀	球	术	魔	猎
乐	远	夏	天	击	暇	术	露	影	动	园	魔	织	露
音	游	钓	松	摄	织	织	乐	益	针	暇	园	画	术
乐	纫	足	园	跳	魔	松	拼	画	酱	瓷	乐	魔	拳
露	纫	画	利	拳	法	狩	球	图	画	游	潜	暇	放
针	鱼	营	篮	艺	沙	动	猎	影	营	阅	戏	能	缝
放	缝	织	艺	摄	拉	蔬	菜	鱼	乐	益	趣	营	动
水	朋	魔	拳	篮	拼	跳	钓	营	园	游	烧	图	饥
果	友	松	远	益	暇	跳	织	暇	画	戏	针	烤	饿
放	术	番	茄	晚	瓷	陶	放	乐	瓷	舞	利	拼	读
能	远	缝	品	餐	热	午	餐	胡	露	益	舞	陶	阅
益	技	乐	击	品	活	利	狩	椒	潜	击	工	松	露

午餐   餐
朋友   葱
洋   庭
家   果
饥饿
水果   烤
烧   餐
晚

游戏   戏
蔬菜   菜
音   乐
胡   椒
沙   拉
番   茄
夏   天

4 - Pesca

利	读	阅	缝	夸	张	诱	饵	鱼	拼	钩	针	舞	园
益	露	拳	暇	设	备	击	球	远	舞	影	缝	工	猎
技	摄	园	针	戏	足	季	节	拼	水	暇	术	园	画
画	鱼	棒	舞	湖	拼	画	钓	绘	动	技	工	艺	园	图
活	术	读	篮	园	益	术	松	营	跳	摄	工	猎	远
拳	放	陶	法	纫	河	画	暇	猎	鱼	陶	阅	拼	乐
猎	钓	瓷	绘	拼	戏	乐	针	益	跳	益	狩	露	活
纫	暇	露	园	营	游	鱼	游	篮	子	缝	篮	戏	足
鳍	读	舞	影	乐	乐	钓	乐	纫	暇	法	击	趣	球
能	松	耐	术	法	画	拼	品	放	海	洋	鳃	颚	画
拼	球	心	跳	缝	乐	猎	狩	瓷	针	滩	品	鱼	园
绘	益	技	纫	绘	跳	读	鱼	魔	游	船	法	利	猎
钓	魔	狩	放	钓	鱼	工	摄	艺	法	阅	益	能	摄
鱼	益	狩	营	缝	猎	摄	戏	远	露	重	量	阅	活

篮子	耐心
设备	重量
夸张	海滩
诱饵	季节
海洋	

5 - Geologia

活	篮	高	酸	舞	放	石	火	山	影	击	钟	活	乐
潜	乐	原	艺	图	大	陆	头	能	松	乳	潜	动
松	艺	绘	读	瓷	乐	露	术	能	洞	穴	石	露	魔
暇	矿	层	品	魔	术	绘	魔	侵	足	钓	陶	猎
阅	物	棒	潜	纫	拼	利	品	石	蚀	技	缝	营
绘	魔	绘	钓	益	棒	园	艺	英	松	球	魔	艺
技	瓷	戏	艺	击	拼	利	松	拳	狩	益	拼	读	园
石	盐	击	趣	阅	营	钓	阅	利	影	活	园	远	陶
笋	园	露	营	舞	乐	缝	猎	能	潜	水	晶	化	石
绘	工	活	纫	地	品	狩	戏	影	熔	工	瓷	绘	图
摄	远	魔	品	震	图	拼	缝	读	岩	区	舞	陶	击
技	棒	足	狩	阅	放	放	趣	戏	棒	园	利	珊	魔
图	游	营	足	工	潜	棒	舞	松	猎	读	阅	瑚
绘	动	篮	工	摄	瓷	松	织	艺	跳	球	纫	活	摄

洞穴
大陆
珊瑚
水晶
侵蚀
钟乳石
石笋
化石

熔岩
矿物
石头
高原
石英
地震
火山

6 - Tempo

技	跳	读	利	游	钓	益	织	拳	营	图	露	日	魔
放	棒	跳	读	潜	术	松	益	放	动	猎	周	中	历
法	图	时	读	远	远	分	钟	品	篮	球	动	午	技
远	活	钟	利	工	魔	拳	暇	图	暇	瓷	纫	远	击
阅	拼	跳	早	晨	今	以	前	游	跳	棒	趣	阅	营
品	足	棒	摄	昨	天	暇	陶	艺	缝	世	工	缝	动
拼	利	术	缝	影	暇	晚	上	篮	戏	纪	读	游	球
画	舞	阅	动	拼	工	球	放	活	狩	工	游	能	营
钓	篮	针	猎	绘	现	阅	潜	动	戏	园	戏	缝	利
拼	图	击	足	潜	在	缝	小	鱼	日	松	图	未	术
织	益	动	术	猎	缝	趣	时	绘	艺	动	读	来	狩
画	织	棒	品	绘	篮	绘	刻	球	利	读	术	阅	钓
露	动	动	艺	织	影	戏	绘	露	击	月	十	击	每
法	技	摄	鱼	乐	松	艺	松	图	戏	工	魔	年	年

现在   早晨
以前   中午
每年   分钟
日历   时刻
十年   晚上
未来   昨天
今天   时钟
小时   世纪

7 - Astronomia

跳园针戏宇宙太魔织星陶放远术
品趣猎缝航重阳跳织系辐露纫工
纫天狩松员力的狩艺乐射纫绘纫
天文学家春分技拳营图摄园月亮
技台活工纫针营钓品营钓棒织缝
织超利瓷能纫术舞猎利篮地球戏
趣阅新篮游球猎缝暇营陶击星品
远钓足星营画舞阅工游品活云蚀
营利读陶游技猎篮利技艺火放
艺拳鱼图益猎小阅流星魔箭钓
缝乐针纫乐跳阅纫行活星图术能
品戏法拼图品天绘星星瓷暇营影
篮影拳动图术松空园绘跳拳针纫
活放放阅游技拼星座营戏瓷陶猎

小行星	流星
宇航员	星云
天文学家	天文台
天空	行星
星座	辐射
春分	太阳的
火箭	超新星
星系	地球
重力	宇宙
月亮	

8 - Circo

拳	术	画	鱼	缝	活	针	趣	读	游	魔	术	师	露
杂	技	演	员	服	装	魔	老	远	缝	游	大	图	棒
瓷	术	缝	潜	陶	纫	潜	虎	猴	子	小	象	棒	气
远	纫	瓷	拳	糖	果	魔	游	利	跳	丑	诡	计	球
暇	园	乐	戏	潜	足	瓷	陶	暇	放	影	图	趣	松
能	针	音	潜	猎	纫	能	织	猎	术	露	摄	狩	针
跳	远	图	乐	舞	活	趣	远	能	暇	趣	利	球	放
松	图	魔	游	行	足	舞	杂	耍	戏	钓	绘	击	拼
拳	工	织	画	魔	读	陶	针	摄	图	乐	棒	球	松
狮	缝	法	影	露	法	动	物	远	篮	壮	狩	帐	纫
子	摄	暇	露	陶	松	术	魔	能	戏	观	工	球	篷
钓	拼	放	陶	票	法	陶	观	摄	放	动	营	阅	游
术	能	球	读	纫	影	鱼	众	棒	乐	摄	能	狩	乐
利	织	拳	钓	篮	读	利	暇	潜	拼	瓷	露	针	营

杂技演员　　　　　　　　魔法
动物　　　　　　　　　　杂耍
气球　　　　　　　　　　魔术师
游行　　　　　　　　　　音乐
糖果　　　　　　　　　　小丑
大象　　　　　　　　　　帐篷
观众　　　　　　　　　　老虎
壮观　　　　　　　　　　服装
狮子　　　　　　　　　　诡计
猴子

9 - Acampamento

图 远 暇 帽 绘 山 森 篮 鱼 瓷 趣 篮 术 棒
影 跳 绳 子 昆 法 林 动 拼 乐 利 艺 营 猎
棒 冒 足 露 品 虫 月 物 利 艺 潜 活 击 纫
绘 猎 险 艺 地 远 亮 鱼 绘 利 利 游 大 陶
纫 趣 游 舞 图 罗 狩 跳 舱 法 吊 纫 自 摄
阅 击 球 图 益 盘 远 远 戏 远 床 工 然 缝
鱼 火 陶 图 瓷 远 魔 独 针 术 游 工 舞 活
棒 击 摄 钓 陶 技 缝 树 钓 湖 设 备 影 暇
跳 利 鱼 能 乐 图 阅 潜 木 球 舟 游 陶 游 暇
技 阅 击 艺 棒 术 读 拼 球 舟 游 猎 织 暇 拳
动 阅 能 瓷 鱼 织 绘 球 品 营 拼 益 鱼 图
纫 放 术 狩 能 工 放 猎 工 术 帐 游 篮 拳
球 暇 拳 趣 拳 松 棒 影 潜 能 篷 棒 拼 纫
绘 足 远 松 动 绘 棒 跳 露 击 缝 品 影 狩

动物　　　　　　　设备
冒险　　　　　　　森林
树木　　　　　　　昆虫
罗盘　　　　　　　月亮
狩猎　　　　　　　吊床
独木舟　　　　　　地图
帽子　　　　　　　大自然
绳子　　　　　　　帐篷

10 - Emoções

工 拳 拼 足 远 放 松 摄 魔 露 悲 绘 艺 能
技 动 球 针 戏 戏 图 戏 满 陶 伤 猎 法 球
针 画 动 动 缝 活 术 意 画 活 阅 益 术 工
足 狩 陶 艺 工 缝 鱼 工 和 法 温 柔 摄 织
无 法 鱼 品 足 针 织 愤 击 平 趣 摄 动 舞
聊 松 戏 画 读 露 暇 怒 游 戏 技 远 暇 远
拳 篮 影 艺 拳 摄 同 情 戏 缝 感 激 的 篮
喜 图 画 暇 法 技 阅 益 瓷 动 露 技 陶 工
悦 影 缝 摄 利 放 爱 松 钓 露 工 露 营 球
极 钓 益 技 园 活 露 术 鱼 善 营 读 营
乐 跳 舞 松 内 容 园 戏 游 良 趣 鱼 纫
远 技 绘 恐 能 能 魔 球 趣 益 益 影 摄
戏 摄 平 惧 缝 动 活 法 游 法 露 魔 舞
法 潜 宁 静 动 露 鱼 术 利 拼 益 瓷 活 松

喜悦
极乐
善良
平静
内容
感激的
恐惧
和平

愤怒
放松
满意
同情
温柔
无聊
宁静
悲伤

11 - Ficção Científica

球	乐	反	艺	拳	露	工	乌	益	篮	图	瓷	潜	拼
世	界	画	乌	机	器	人	托	舞	利	跳	工	读	技
拳	放	未	画	托	游	术	邦	放	露	技	拳	阅	放
影	场	来	潜	技	邦	鱼	狩	鱼	动	拳	足	缝	跳
极	景	派	狩	钓	缝	露	电	益	松	阅	缝	乐	针
放	端	戏	球	魔	远	足	影	舞	潜	戏	暇	钓	狩
神	爆	拳	暇	活	星	能	戏	艺	品	跳	狩	动	动
秘	炸	放	猎	远	系	暇	园	克	游	瓷	艺	陶	
园	术	图	球	放	动	球	读	隆	足	暇	图	工	
戏	戏	动	摄	织	棒	乐	读	狩	鱼	品	瓷	潜	
能	织	球	阅	跳	远	艺	乐	技	园	拳	画	缝	
鱼	益	错	觉	织	火	动	法	乐	鱼	游	虚	构	的
露	舞	行	星	松	阅	原	纫	书	籍	甲	骨	文	钓
法	乐	露	魔	益	放	子	乐	露	露	鱼	纫	趣	园

原子
场景
电影
克隆
反乌托邦
爆炸
极端
未来派
星系
错觉

虚构的
书籍
神秘
世界
甲骨文
行星
机器人
技术
乌托邦

12 - Mitologia

技	画	露	益	读	棒	针	利	能	足	灾	动	魔	拼
传	神	画	游	迷	品	针	阅	利	艺	魔	难	远	读
说	奇	闪	能	宫	法	益	读	戏	能	放	放	读	艺
摄	钓	电	活	艺	益	阅	影	战	士	力	量	拼	益
摄	舞	游	影	画	松	影	影	动	跳	缝	阅	陶	暇
能	跳	球	园	艺	艺	不	绘	陶	摄	园	足	营	足
鱼	动	活	潜	纫	织	陶	朽	读	魔	画	篮	术	击
图	鱼	读	画	篮	针	魔	放	品	拳	法	利	针	法
术	魔	影	击	鱼	暇	益	足	画	活	舞	击	鱼	潜
松	远	影	潜	益	品	针	园	创	狩	动	狩	球	绘
行	为	摄	陶	营	文	凡	暇	造	画	足	篮	钓	原
钓	女	主	角	怪	化	球	人	影	拼	猎	绘	远	型
拼	阅	狩	生	物	英	雄	击	雷	复	仇	舞	法	潜
技	足	绘	潜	戏	嫉	妒	陶	画	工	摄	影	足	篮

原型	英雄
嫉妒	不朽
行为	迷宫
创造	传说
生物	神奇
文化	怪物
灾难	凡人
力量	闪电
战士	复仇
女主角	

13 - Medições

狩	画	摄	击	篮	利	摄	松	益	益	高	宽	园	术
园	远	动	足	缝	舞	术	球	活	击	益	度	游	动
趣	潜	拳	足	营	技	活	狩	鱼	工	戏	图	摄
克	厘	利	足	跳	卷	法	舞	绘	陶	缝	纫	艺	拳
织	米	升	松	法	远	字	节	游	利	工	远	拳	游
利	趣	利	狩	影	戏	暇	吨	放	营	球	营	瓷	乐
针	画	纫	益	钓	纫	篮	能	跳	纫	利	影	英	寸
营	织	动	戏	公	斤	能	潜	击	读	园	活	阅	松
品	摄	品	摄	里	露	读	鱼	棒	足	艺	营	松	针
击	球	魔	活	益	舞	分	十	进	制	技	活	深	度
松	绘	纫	织	针	钓	钟	球	陶	狩	园	针	能	长
露	游	趣	乐	足	纫	织	绘	盎	司	魔	鱼	球	度
猎	游	技	术	陶	针	读	棒	缝	质	术	松	猎	夸
露	足	工	摄	暇	远	缝	潜	重	量	技	乐	球	脱

高度   盎司
字节
厘米   重量
长度   英寸
十进制   深度
宽度   夸脱
质量   公斤
分钟   公里

14 - Plantas

钓	拼	艺	跳	放	织	狩	利	纫	钓	摄	陶	鱼	能
画	花	瓣	苔	藓	棒	乐	织	拼	法	读	缝	针	活
棒	钓	拼	工	放	能	活	术	戏	利	跳	瓷	拼	足
远	拳	暇	戏	图	针	读	拼	动	放	舞	法	乐	潜
瓷	浆	果	花	园	篮	仙	术	针	舞	工	园	法	纫
鱼	拼	击	森	林	舞	人	读	缝	能	拼	灌	针	钓
游	工	读	动	益	瓷	掌	活	戏	钓	肥	木	植	被
跳	球	草	球	舞	舞	活	放	狩	绘	放	料	竹	常
球	法	露	纫	艺	鱼	乐	草	本	植	物	阅	子	春
树	钓	潜	术	品	陶	松	园	足	能	物	猎	树	藤
棒	益	足	跳	豆	能	营	远	棒	远	针	学	叶	松
舞	击	益	园	球	法	阅	钓	远	摄	缝	缝	根	猎
缝	戏	足	活	技	工	球	能	艺	狩	暇	瓷	猎	阅
拼	击	织	鱼	篮	品	拳	活	花	动	植	物	针	术

灌木	森林
浆果	树叶
竹子	常春藤
植物学	花园
仙人掌	苔藓
草本植物	花瓣
肥料	植被
植物	

15 - Veículos

戏	远	益	纫	品	球	能	动	纫	远	阅	艺	乐	读
营	法	利	拼	舞	足	放	摄	火	阅	乐	图	动	筏
跳	动	营	渡	益	棒	益	击	针	箭	缝	活	卡	篮
动	击	松	轮	术	棒	鱼	足	图	园	货	汽	车	缝
游	潜	术	园	鱼	放	织	戏	放	大	篷	车	阅	影
缝	艇	工	艺	阅	纫	救	击	总	猎	益	游	跳	品
篮	营	摄	猎	阅	针	护	暇	线	轮	能	拖	远	狩
拳	狩	钓	篮	艺	松	车	品	艺	击	胎	拉	拼	阅
自	陶	利	艺	棒	纫	露	露	篮	直	升	机	术	篮
行	益	工	乐	足	纫	阅	能	飞	露	动	地	铁	纫
车	棒	狩	鱼	能	松	马	篮	机	缝	拼	跳	舞	戏
园	魔	织	技	拼	针	达	暇	球	利	益	篮	织	益
魔	鱼	摄	画	远	露	园	瓷	出	租	车	船	篮	术
纫	滑	板	车	读	艺	戏	工	术	鱼	猎	读	趣	乐

救护车
飞机
渡轮
自行车
卡车
大篷车
汽车
火箭
货车

直升机
滑板车
地铁
马达
总线
轮胎
潜艇
出租车
拖拉机

16 - Restaurante # 2

拼	拼	术	松	画	蛋	糕	棒	园	营	狩	活	盐	狩
艺	松	露	棒	工	工	服	魔	棒	读	园	开	魔	猎
瓷	篮	拳	拳	足	能	务	纫	午	餐	放	胃	拼	读
露	缝	球	术	动	利	员	拼	潜	猎	瓷	菜	影	球
潜	球	球	放	戏	棒	缝	陶	拳	阅	品	戏	放	技
乐	篮	勺	叉	蔬	击	舞	画	饮	游	图	利	读	鱼
击	鱼	陶	子	菜	美	味	瓷	料	舞	放	球	沙	拉
利	缝	跳	拳	动	露	影	绘	球	击	画	椅	子	缝
远	乐	乐	瓷	跳	缝	放	动	品	法	足	钓	摄	跳
趣	松	露	缝	拼	棒	跳	缝	放	暇	面	画	棒	汤
摄	术	狩	拼	趣	戏	工	乐	猎	冰	条	乐	远	艺
球	远	鱼	晚	针	读	放	术	针	水	果	香	击	足
能	利	技	餐	魔	瓷	戏	图	摄	法	术	料	工	绘
园	舞	棒	趣	暇	棒	露	陶	拳	缝	水	活	益	棒

午餐
开胃菜
饮料
蛋糕
椅子
勺子
美味
香料

水果
服务员
叉子
晚餐
蔬菜
面条
沙拉

17 - Países #2

艺	图	希	腊	舞	乐	法	缝	瓷	图	黎	潜	舞	拳
钓	园	益	陶	钓	画	潜	放	海	潜	巴	暇	能	跳
棒	击	画	图	术	阅	织	跳	陶	地	嫩	艺	陶	阅
潜	活	猎	能	棒	利	读	潜	法	索	马	里	放	游
纫	戏	读	巴	放	趣	舞	远	国	牙	买	加	篮	阅
击	戏	魔	园	基	趣	击	瓷	钓	击	魔	动	能	陶
舞	乌	克	兰	阿	斯	阅	陶	舞	品	工	能	摄	松
术	益	印	爱	尔	兰	坦	乐	品	游	击	工	露	鱼
能	品	益	度	巴	瓷	利	暇	阅	读	术	缝	跳	放
织	阅	利	读	尼	墨	陶	活	拼	乌	干	达	益	动
跳	营	工	舞	亚	西	益	尼	泊	尔	营	拼	暇	阅
老	俄	艺	陶	篮	哥	亚	日	本	鱼	品	图	丹	麦
挝	罗	趣	陶	戏	影	叙	利	亚	魔	针	鱼	营	猎
活	斯	猎	读	钓	针	跳	亚	拳	织	乐	钓	拼	陶

阿尔巴尼亚	黎巴嫩
丹麦	墨西哥
法国	尼泊尔
希腊	尼日利亚
海地	巴基斯坦
印度尼西亚	俄罗斯
爱尔兰	叙利亚
牙买加	索马里
日本	乌克兰
老挝	乌干达

18 - Cozinha

围	绘	游	动	罐	香	料	针	阅	营	鱼	绘	乐	阅
拼	裙	动	益	刀	针	远	利	戏	狩	舞	跳	图	舞
营	陶	海	益	叉	营	活	技	狩	图	针	园	钓	戏
餐	术	缝	绵	法	术	狩	织	潜	利	织	读	猎
巾	击	纫	画	拳	游	足	术	画	远	舞	拳	动
乐	营	益	品	拳	水	壶	鱼	足	缝	画	冰	箱
法	棒	益	潜	读	影	图	缝	摄	足	瓷	跳	游
烧	利	利	瓷	针	趣	读	法	摄	画	放	猎	艺
烤	箱	技	织	舞	猎	影	纫	画	技	能	足	工
击	能	绘	影	摄	活	魔	鱼	动	营	艺	棒	工
碗	利	露	拳	园	摄	鱼	远	筷	织	杯	远	狩
击	益	园	篮	鱼	足	壶	勺	子	绘	子	放	远	图
棒	潜	击	食	潜	技	钓	魔	活	营	篮	营	暇	织
利	跳	陶	松	谱	游	陶	缝	暇	击	钓	鱼	乐	画

围裙
水壶
勺子
杯子
香料
海绵

烤箱
箱烤
冰巾子
烧餐谱
餐筷
筷
食

19 - Brinquedos

最	拼	戏	针	纫	拼	足	瓷	陶	游	游	工	利	图
喜	图	足	园	潜	活	乐	织	球	暇	戏	想	艺	戏
欢	法	动	狩	娃	球	瓷	鼓	阅	陶	象	戏	品
的	缝	潜	舞	术	纫	魔	鱼	远	缝	露	力	益	乐
影	足	园	动	乐	阅	棋	乐	狩	品	戏	舞	放	摄
技	陶	工	游	营	阅	击	游	纫	园	戏	跳	纫	术
技	露	趣	钓	画	动	戏	术	拳	舞	船	活	读	猎
营	自	阅	工	暇	书	松	织	戏	潜	机	人	益
工	行	营	飞	阅	籍	卡	足	织	足	缝	动	动	技
汽	车	技	能	机	缝	车	园	魔	营	乐	阅	园	击
工	篮	游	足	园	棒	绘	图	技	魔	阅	魔	术	利
篮	风	筝	摄	法	钓	画	篮	营	球	魔	品	棒	绘
戏	利	影	油	利	艺	放	潜	动	黏	品	品	跳	缝
足	露	画	漆	纫	瓷	跳	法	瓷	园	土	戏	狩	篮

黏土　　　　　　最喜欢的
工艺品　　　　　想象力
飞机　　　　　　游戏
自行车　　　　　书籍
娃娃　　　　　　风筝
卡车　　　　　　机器人
汽车　　　　　　油漆

20 - Verão

狩	术	猎	鱼	趣	潜	暇	读	能	拼	法	纫	乐	工
益	阅	影	鱼	活	暇	水	花	园	旅	行	篮	趣	狩
瓷	远	跳	棒	图	能	戏	拼	书	拳	能	游	潜	针
篮	能	活	足	动	击	阅	活	籍	法	术	凉	钓	猎
拼	家	跳	瓷	瓷	戏	棒	摄	益	钓	游	鞋	法	跳
足	击	庭	乐	针	品	阅	图	法	乐	星	星	拼	魔
能	影	棒	潜	拳	拳	狩	摄	针	音	乐	拳	魔	动
拼	品	画	拼	拳	图	画	舞	趣	园	纫	潜	营	远
游	能	纫	跳	图	松	潜	图	游	暇	猎	棒	乐	暇
术	图	陶	鱼	能	拳	击	游	影	露	读	能	营	织
朋	友	能	绘	喜	悦	纫	球	家	篮	乐	拼	游	魔
松	游	放	鱼	读	露	潜	球	营	戏	露	营	戏	营
露	营	远	松	击	钓	画	艺	瓷	足	潜	钓	放	织
能	阅	魔	技	阅	图	暇	击	活	技	海	滩	足	球

露营
喜悦
朋友
星星
家庭
花园
游戏

书籍
潜水
音乐
海滩
放松
凉鞋
旅行

21 - Material de Arte

绘	图	术	创	阅	暇	游	动	猎	摄	篮	棒	摄	丙
画	架	油	造	画	织	戏	远	球	园	品	织	画	烯
针	动	漆	力	乐	影	园	猎	织	瓷	胶	击	纫	酸
鱼	篮	织	狩	能	足	瓷	游	球	品	水	动	魔	纤
照	相	机	艺	墨	水	针	狩	远	粉	彩	技	读	维
动	读	橡	露	乐	松	魔	陶	拼	钓	陶	品	术	画
游	乐	皮	工	乐	纸	趣	瓷	瓷	木	炭	针	击	纫
动	鱼	戏	绘	拳	棒	跳	鱼	击	绘	放	陶	钓	放
影	黏	品	拳	游	品	工	活	瓷	动	影	放	棒	活
纫	土	桌	椅	阅	钓	读	游	露	篮	动	猎	织	击
艺	松	刷	子	铅	露	能	跳	远	纫	品	猎	猎	动
暇	品	技	游	能	笔	缝	篮	钓	图	缝	露	棒	狩
法	放	技	织	露	园	读	钓	图	击	工	利	陶	艺
球	颜	色	阅	缝	摄	魔	乐	缝	钓	露	棒	潜	跳

丙烯酸纤维	颜色
橡皮	创造力
水彩	刷子
黏土	铅笔
椅子	桌子
木炭	粉彩
画架	墨水
照相机	油漆
胶水	

22 - Números

动	猎	纫	暇	绘	益	舞	法	利	术	露	影	棒	舞
品	击	园	跳	缝	纫	益	钓	球	棒	篮	读	钓	魔
益	品	四	阅	放	戏	营	园	益	击	十	七	九	阅
篮	法	游	松	乐	拼	十	六	拳	园	活	棒	游	鱼
工	乐	篮	乐	拼	纫	十	十	四	织	球	绘	纫	跳
二	阅	陶	鱼	艺	戏	八	二	远	纫	棒	放	活	影
十	游	鱼	绘	趣	影	钓	一	篮	六	零	影	读	远
钓	进	跳	露	陶	技	趣	利	魔	拳	露	艺	瓷	十
远	绘	制	图	猎	五	魔	拼	潜	十	三	三	跳	潜
法	鱼	魔	足	图	陶	活	跳	钓	击	十	五	拳	陶
术	织	球	跳	营	织	拼	利	猎	缝	击	织	品	八
球	潜	击	舞	阅	游	利	乐	远	阅	拳	法	读	工
绘	猎	远	阅	七	营	舞	动	织	陶	缝	跳	针	舞
园	松	影	读	戏	动	跳	松	瓷	露	击	法	阅	园

十进制	十四
十六	十五
十七	十三
十八	二十
十二	

23 - Ferramentas

胶	水	足	陶	戏	动	露	拳	剪	鱼	猎	球	篮	篮
棒	活	瓷	缝	趣	钓	猎	影	缝	刀	铲	拳	图	戏
益	鱼	拳	轴	订	书	机	法	足	舞	益	趣	球	动
狩	猎	纫	篮	织	乐	读	舞	车	轮	篮	钓	益	益
技	绘	针	魔	绘	针	槌	放	鱼	篮	梯	戏	拼	缝
术	松	瓷	益	棒	跳	织	游	动	能	子	趣	读	潜
读	放	松	棒	摄	动	针	术	潜	益	利	营	能	趣
潜	棒	趣	瓷	营	阅	动	营	阅	魔	戏	园	放	剃
松	艺	利	击	棒	阅	法	技	图	击	狩	足	游	刀
钓	球	术	远	电	缆	图	足	露	法	暇	狩	钳	狩
螺	放	锤	摄	活	拳	拼	露	鱼	摄	游	戏	子	火
拼	丝	子	绳	子	读	画	织	法	狩	远	技	戏	炬
篮	戏	放	缝	暇	瓷	跳	狩	技	拳	游	舞	戏	松
露	舞	戏	阅	画	刀	艺	趣	阅	松	营	击	绘	品

钳子	锤子
电缆	剃刀
胶水	螺丝
绳子	车轮
梯子	剪刀
订书机	火炬

24 - Especiarias

纫	棒	绘	阅	瓷	潜	足	阅	肉	棒	棒	戏	针	活
园	暇	绘	甘	绘	技	读	阅	绘	桂	露	跳	足	钓
放	瓷	暇	草	技	趣	足	藏	趣	画	戏	技	工	拳
织	击	拼	跳	咖	喱	放	红	缝	织	趣	拼	乐	跳
茴	读	盐	姜	术	豆	瓷	花	品	织	画	潜	松	阅
丁	香	舞	织	苦	蔻	狩	棒	酸	甜	蜜	的	能	术
鱼	草	绘	趣	术	读	织	狩	摄	的	香	菜	营	能
露	法	纫	鱼	读	图	画	瓷	胡	椒	篮	放	击	肉
绘	跳	品	潜	戏	营	益	放	活	摄	缝	足	术	豆
绘	球	活	缝	棒	阅	狩	戏	露	园	洋	利	露	蔻
大	蒜	跳	魔	潜	魔	球	鱼	击	陶	葱	球	阅	狩
织	棒	益	利	篮	能	孜	露	鱼	游	品	味	道	篮
阅	纫	图	松	钓	舞	然	猎	拼	暇	棒	放	篮	瓷
绘	针	钓	陶	足	技	鱼	击	技	绘	法	棒	针	戏

藏红花
甘草
大蒜
酸的草
香草
肉桂
豆蔻
咖喱
洋葱

香菜
孜然
丁香
甜蜜的
茴香
肉豆蔻
胡椒
味道

25 - Aniversário

篮	暇	纫	技	鱼	技	远	潜	拳	魔	园	特	狩	邀
园	利	快	乐	礼	品	猎	营	钓	拳	拼	艺	别	请
放	陶	篮	益	物	拳	露	拼	陶	绘	技	绘	拳	函
绘	织	工	艺	远	钓	蛋	歌	曲	狩	营	足	读	法
放	园	猎	能	游	技	游	糕	读	跳	活	智	钓	跳
利	年	轻	棒	猎	园	缝	趣	球	利	图	慧	放	益
放	拳	露	鱼	放	活	画	摄	缝	动	绘	品	工	绘
舞	利	鱼	游	瓷	足	拳	日	出	生	远	戏	阅	鱼
篮	篮	摄	益	针	远	能	潜	历	棒	乐	棒	舞	摄
法	蜡	烛	阅	影	利	针	艺	能	读	时	间	游	放
画	钓	趣	工	画	利	暇	益	趣	远	潜	纫	营	潜
品	远	阅	图	品	钓	球	园	跳	拼	庆	牌	放	猎
读	法	棒	工	术	法	拼	跳	活	朋	祝	跳	纫	跳
游	日	摄	利	舞	鱼	棒	摄	阅	友	趣	乐	鱼	瓷

朋友	特别	
蛋糕	快乐	
日历	年轻	
歌曲	出生	
庆祝	智慧	
邀请函	时间	
礼物	蜡烛	

26 - Casa

击 地 毯 镜 子 天 花 拼 乐 织 家 放 画 缝
戏 图 艺 拳 营 花 潜 园 门 纫 具 图 猎 魔 园
鱼 拳 法 术 狩 板 品 露 阅 足 缝 读 墙 瓷 趣
戏 足 针 阁 楼 织 窗 帘 篮 钥 窗 户 钓 瓷 趣
放 篮 跳 活 拳 松 暇 游 艺 技 匙 游 阅 营 击
画 织 拳 足 游 钓 影 魔 摄 松 利 松 营 瓷 棒
利 缝 魔 摄 露 摄 画 乐 画 营 拳 画 击 浴
棒 球 术 营 营 营 放 技 猎 陶 栅 舞 淋 暇 趣
图 影 影 品 品 松 钓 棒 图 缝 营 栏 暇 读 乐
车 鱼 舞 工 陶 拳 棒 棒 书 利 阅 工 猎 击
库 拼 棒 远 图 潜 钓 摄 馆 猎 利 猎 足 术
拳 织 利 戏 扫 阅 拼 园 纫 利 厨 鱼 乐 潜
拳 壁 潜 纫 帚 拳 魔 拼 暇 画 房 间 棒 术
暇 炉 龙 头 游 针 绘 球 画 暇 陶 钓 术 术

图书馆
栅栏
钥匙
淋浴
窗帘
厨房
镜子
车库
窗户

花园
壁炉
家具
房间
阁楼
地毯
天花板
龙头
扫帚

27 - Vegetais

品	鱼	法	动	织	工	朝	摄	舞	瓷	洋	葱	松	利
品	阅	露	姜	芜	菁	鲜	胡	萝	卜	芹	菜	营	艺
露	趣	艺	猎	缝	益	蓟	阅	卜	画	针	远	拳	绘
营	画	露	钓	画	动	放	蘑	动	织	钓	画	园	工
织	活	乐	绘	拳	幼	大	菇	南	游	潜	乐	乐	沙
远	读	活	钓	放	绘	蒜	拳	摄	艺	瓜	品	番	拉
露	工	茄	子	绘	读	品	影	拼	园	露	拼	茄	技
陶	技	鱼	远	利	营	黄	瓜	动	暇	法	西	球	游
陶	拳	阅	魔	绘	绌	潜	豌	豆	暇	兰	法	法	乐
益	工	营	足	织	球	狩	足	艺	豆	放	花	钓	园
缝	鱼	棒	松	球	足	篮	瓷	影	游	缝	动	动	影
活	拼	香	露	术	园	画	艺	跳	拼	阅	品	击	篮
品	菠	菜	趣	艺	猎	艺	露	缝	艺	织	影	缝	棒
趣	动	摄	法	绌	能	戏	远	术	棒	阅	戏	戏	针

南瓜
芹菜
朝鲜蓟
大蒜
土豆
茄子
西兰花
洋葱
胡萝卜

蘑菇
豌豆
菠菜
芜菁
黄瓜
萝卜
沙拉
香菜
番茄

28 - Exploração

能	益	能	能	决	空	发	图	松	针	松	乐	绘	击
鱼	精	瓷	画	心	间	现	棒	球	戏	松	动	影	摄
足	疲	动	放	远	能	技	阅	摄	缝	法	拳	荒	瓷
活	力	织	露	针	危	营	针	魔	松	纫	织	术	野
远	竭	松	跳	语	害	画	营	未	知	技	戏	戏	园
棒	摄	魔	利	言	瓷	法	技	拳	放	跳	技	活	活
工	瓷	瓷	技	旅	织	舞	园	法	技	松	棒	品	利
画	拼	鱼	趣	行	放	魔	鱼	趣	钓	利	击	趣	足
绘	影	绘	勇	动	乐	乐	能	远	乐	营	织	钓	足
陶	潜	缝	气	露	纫	影	钓	阅	击	品	阅	陶	寻
新	的	益	远	松	狩	球	图	艺	跳	瓷	拼	图	求
文	击	缝	活	地	艺	鱼	远	营	篮	摄	松	益	猎
利	化	鱼	动	形	能	品	影	足	利	趣	摄	针	能
拳	舞	园	物	营	拳	阅	猎	远	动	鱼	利	戏	纫

动物
活动
寻求
勇气
文化
发现
未知
决心

空间
精疲力竭
语言
新的
危害
荒野
地形
旅行

29 - Balé

鱼	织	益	舞	远	能	作	摄	戏	富	实	践	趣	编
艺	园	狩	织	品	画	鱼	曲	工	有	放	品	园	舞
技	术	纫	营	读	钓	陶	钓	家	表	露	戏	读	图
魔	舞	织	足	营	营	游	肌	肉	现	管	动	法	法
独	奏	工	营	技	趣	法	动	足	力	魔	弦	手	势
缝	利	动	术	技	棒	纫	跳	读	舞	瓷	观	乐	瓷
纫	戏	舞	者	绘	拳	掌	趣	球	瓷	陶	众	陶	队
暇	潜	艺	术	的	瓷	声	钓	陶	读	鱼	陶	图	
露	术	法	强	魔	音	节	乐	园	拼	乐	猎	摄	法
棒	远	露	度	风	乐	奏	利	读	技	魔	术	活	针
工	钓	利	戏	格	益	球	乐	跳	图	陶	拳	趣	魔
露	钓	游	松	鱼	游	活	阅	远	画	舞	艺	篮	舞
纫	球	足	舞	狩	技	陶	鱼	篮	趣	瓷	钓	棒	放
活	舞	棒	针	拳	能	图	绘	能	品	针	露	游	摄

掌声	强度
艺术的	肌肉
作曲家	音乐
编舞	管弦乐队
舞者	实践
风格	观众
富有表现力	节奏
手势	独奏
技能	技术

30 - Conservação

远	织	生	瓷	足	戏	游	织	园	潜	猎	动	法	术
气	减	境	态	拼	瓷	阅	纫	棒	鱼	影	动	艺	趣
候	画	少	有	系	利	陶	放	阅	瓷	活	魔	水	放
远	缝	活	机	暇	统	教	育	周	期	远	松	远	猎
拼	术	游	品	潜	暇	影	拳	回	环	利	阅	松	针
针	缝	绘	品	技	绘	篮	舞	收	法	境	志	愿	者
放	跳	击	自	棒	戏	跳	绿	色	陶	趣	的	乐	猎
动	绘	能	然	篮	品	棒	织	摄	篮	织	纫	园	猎
钓	营	戏	法	钓	技	趣	缝	农	药	能	瓷	术	篮
拼	戏	戏	阅	戏	法	戏	缝	远	放	棒	影	术	猎
戏	狩	拳	潜	放	阅	益	缝	读	纫	潜	趣	能	技
击	摄	跳	针	击	潜	暇	影	健	康	品	棒	趣	拳
法	污	染	法	营	暇	跳	图	拼	能	绘	戏	技	术
狩	艺	暇	棒	绘	暇	阅	乐	拼	针	技	读	绘	针

环境的　　　　　　农药
周期　　　　　　　污染
气候　　　　　　　回收
生态系统　　　　　减少
教育　　　　　　　健康
生境　　　　　　　绿色
自然　　　　　　　志愿者
有机

芳	棒	篮	技	舞	远	法	放	戏	乐	暇	游	读	放
乐	香	动	钓	趣	魔	跳	球	棒	园	图	艺	狩	摄
跳	钓	现	代	鱼	趣	拳	缝	阅	营	趣	术	远	篮
能	活	摄	动	拼	异	国	情	调	巨	大	的	画	远
阅	棒	黑	严	重	的	球	击	活	鱼	益	鱼	足	拼
乐	园	画	暗	要	钓	织	乐	艺	园	暇	吸	引	力
乐	拼	阅	画	的	拼	神	秘	陶	园	瓷	狩	乐	球
品	钓	薄	园	击	击	暇	拼	舞	钓	潜	钓	有	图
益	露	针	足	放	图	猎	猎	针	阅	篮	价	值	拼
活	远	鱼	术	图	艺	露	相	乐	针	魔	绝	值	猎
潜	摄	鱼	击	击	完	美	同	陶	暇	对	的	利
击	诚	实	游	法	舞	放	绘	利	击	鱼	针	针	露
狩	园	击	慢	艺	利	远	法	重	能	品	营	慷	慨
击	绘	营	狩	品	益	利	利	法	乐	图	魔	图	读

绝对	诚实
芳香	相同
艺术的	重要的
吸引力	神秘
巨大的	现代
黑暗	完美
异国情调	严重的
慷慨	有价值的

32 - Insetos

蝴	蝶	远	松	游	动	远	读	球	魔	鱼	益	蛾	益
放	拼	活	绘	钓	园	跳	游	工	趣	魔	钓	鱼	球
工	摄	利	营	跳	陶	暇	绘	鱼	舞	摄	能	图	艺
瓷	鱼	读	摄	乐	品	术	画	棒	活	营	足	能	拼
趣	篮	技	绘	活	瓷	舞	跳	艺	魔	益	露	足	篮
跳	益	黄	缝	击	猎	乐	蚤	露	品	术	球	球	影
陶	蜜	蜂	蚜	露	绘	图	猎	活	能	钓	技	球	远
猎	甲	动	技	画	拳	拳	放	园	绘	游	钓	拼	工
陶	动	虫	图	读	缝	魔	松	活	球	拳	球	营	趣
蚱	织	瓷	益	跳	瓷	瓷	戏	瓷	利	幼	篮	绘	露
蜢	瓷	钓	工	影	足	远	术	狩	瓢	虫	虫	利	摄
狩	螳	园	蜻	蜓	工	蚊	针	园	工	园	织	陶	篮
魔	蟑	螂	蝉	园	织	子	乐	术	足	品	工	白	狩
动	图	瓷	工	拼	图	蠕	虫	戏	趣	利	蚂	蚁	绘

蜜蜂	幼虫
蟑螂	蜻蜓
甲虫	螳螂
蝴蝶	蠕虫
白蚁	蚊子
蚂蚁	跳蚤
蚱蜢	黄蜂
瓢虫	

33 - Paisagens

放	潜	远	篮	拼	能	织	拼	摄	瀑	布	击	图	魔
舞	球	远	海	滩	绘	舞	猎	钓	术	织	艺	暇	狩
跳	鱼	园	绿	足	魔	棒	营	猎	足	跳	放	针	魔
游	技	狩	洲	潜	陶	品	冰	舞	营	趣	纫	篮	魔
球	沙	漠	摄	陶	篮	暇	川	阅	影	暇	拳	读	利
绘	工	艺	阅	棒	园	品	动	品	术	露	篮	画	术
棒	猎	击	戏	园	半	岛	绘	益	狩	技	影	湖	园
潜	织	河	能	暇	艺	拳	绘	法	苔	原	利	纫	术
火	篮	织	园	松	织	缝	松	趣	术	趣	魔	露	影
山	谷	园	乐	舞	趣	海	品	潜	跳	戏	绘	河	利
球	技	冰	园	园	法	沼	泽	洋	动	球	洞	口	利
艺	营	动	山	针	暇	海	湾	击	法	穴	岛	营	趣
摄	跳	读	趣	织	利	海	鱼	动	球	绘	足	益	乐
画	狩	营	利	篮	品	鱼	鱼	放	读	狩	鱼	狩	潜	摄

瀑布　　　　海洋
洞穴　　　　沼泽
沙漠　　　　半岛
河口　　　　海滩
冰川　　　　苔原
海湾　　　　山谷
冰山　　　　火山
绿洲

34 - Dança

情	乐	猎	图	品	瓷	运	能	鱼	读	放	放	放	园
感	身	术	艺	瓷	益	动	技	松	跳	舞	鱼	纫	益
鱼	体	视	觉	的	图	舞	活	狩	趣	技	棒	技	影
摄	乐	图	拳	针	工	松	绘	拳	球	远	魔	舞
传	绘	艺	活	学	暇	拳	能	技	球	舞	艺	潜
统	击	陶	暇	院	摄	棒	音	快	术	编	舞	艺
的	艺	姿	富	有	表	现	力	乐	优	雅	鱼	术
织	品	击	势	阅	活	文	趣	戏	球	魔	篮	跳	潜
图	舞	趣	足	篮	击	化	缝	图	暇	纫	针	品
品	露	足	活	露	利	足	魔	园	拼	技	法	鱼	能
狩	影	读	图	舞	纫	击	影	古	游	拳	绘	篮	篮
技	活	游	潜	狩	魔	法	园	典	摄	拳	球	织	魔
缝	暇	品	法	纫	技	图	工	伙	节	奏	影	陶	钓
	摄	趣	跳	营	松	利	针	瓷	伴	暇	潜	暇	动

学院   优雅

快乐   运动

艺术   音乐

古典   伙伴

编舞   姿势

身体   节奏

文化   传统的

情感   视觉的

富有表现力

35 - Nutrição

技	织	拳	动	纫	猎	技	针	维	趣	纫	瓷	露	碳
蛋	白	质	针	陶	缝	潜	棒	舞	生	毒	技	法	水
质	量	味	松	织	品	绘	能	放	游	素	乐	消	化
部	分	乐	道	卡	路	里	棒	潜	露	舞	画	园	合
园	园	潜	跳	品	养	分	鱼	品	品	猎	织	击	物
棒	棒	能	重	潜	技	棒	舞	球	艺	足	园	猎	品
营	瓷	跳	量	技	松	技	营	技	术	松	暇	图	球
活	拼	戏	摄	园	松	陶	棒	能	狩	松	乐	露	发
瓷	技	戏	益	拳	潜	球	纫	工	露	露	足	健	酵
猎	饮	画	猎	工	动	瓷	足	园	篮	术	法	康	乐
绘	食	酱	露	法	园	戏	舞	放	利	舞	读	读	钓
绘	用	欲	平	益	技	暇	松	瓷	棒	乐	钓	鱼	球
舞	图	放	衡	苦	技	鱼	利	远	工	钓	园	趣	棒
球	针	影	的	液	体	魔	篮	园	乐	工	拼	技	品

食欲　　　　　　　　养分
卡路里　　　　　　　重量
碳水化合物　　　　　部分
食用　　　　　　　　蛋白质
饮食　　　　　　　　质量
消化　　　　　　　　味道
平衡的　　　　　　　健康
发酵　　　　　　　　毒素
液体　　　　　　　　维生素

36 - Disciplinas Científicas

生	物	学	矿	棒	运	鱼	园	热	利	缝	术	语	织
魔	动	趣	活	物	动	物	学	力	生	理	学	言	解
技	拼	画	神	经	学	社	会	学	工	天	文	学	剖
利	戏	潜	能	乐	游	考	工	舞	鱼	球	植	物	学
生	法	心	放	动	拳	古	缝	影	图	击	读	瓷	法
物	游	工	理	免	疫	学	品	舞	益	工	远	远	营
化	学	读	营	学	松	气	动	戏	园	鱼	游	棒	益
学	松	动	营	魔	游	象	工	针	画	钓	动	远	术
拳	针	摄	工	艺	纫	学	乐	跳	艺	纫	棒	品	品
织	潜	活	趣	暇	足	利	营	戏	足	魔	舞	乐	球
陶	击	画	陶	戏	放	术	瓷	园	针	艺	艺	针	乐
图	戏	拳	艺	棒	足	纫	工	针	球	读	生	拼	球
缝	拼	瓷	陶	球	法	球	绘	钓	画	阅	摄	态	益
园	足	图	地	质	学	画	暇	足	球	缝	猎	潜	学

解剖学	免疫学
考古学	语言学
天文学	气象学
生物学	矿物学
生物化学	神经学
植物学	心理学
运动学	化学
生态学	社会学
生理学	热力学
地质学	动物学

37 - Meditação

陶 针 鱼 钓 纫 篮 钓 大 露 品 乐 纫 舞 放
织 击 鱼 舞 篮 利 能 自 绘 影 绘 松 远 潜
陶 缝 鱼 球 篮 术 露 然 潜 针 篮 潜 针 篮
猎 法 能 跳 跳 篮 影 狩 鱼 瓷 乐 图 钓 织
能 和 平 术 暇 球 织 棒 纫 能 明 针 纫 游
图 拳 艺 松 活 露 游 同 松 活 活 晰 园 阅
益 狩 能 读 影 技 图 情 影 舞 阅 利 舞 瓷
击 动 法 绘 瓷 透 呼 绪 感 激 绘 陶 动 球
醒 魔 潜 针 接 视 吸 影 鱼 营 运 动 狩 球
钓 针 绘 品 受 营 法 乐 品 跳 活 松 沉 默
舞 露 击 法 拳 趣 露 动 放 舞 球 针 舞 拼
魔 能 能 游 姿 势 活 摄 影 钓 戏 暇 拳 观
平 静 趣 习 篮 音 球 暇 心 幸 福 善 察
猎 球 绘 远 惯 乐 技 术 法 针 理 魔 良 拳

接受
善良
平静
明晰
同情
幸福
感激
习惯
心理
情绪

运动
音乐
大自然
观察
和平
透视
姿势
呼吸
沉默

38 - Gatos

动	工	暇	球	园	狩	利	击	松	工	园	戏	猎	戏
瓷	松	魔	荒	潜	益	独	立	鱼	游	阅	织	乐	舞
睡	园	缝	野	影	棒	陶	乐	暇	魔	毛	利	艺	篮
觉	戏	松	法	乐	潜	鼠	法	拼	利	皮	摄	法	益
跳	足	织	潜	纫	篮	魔	利	园	趣	能	图	潜	摄
缝	营	拼	暇	技	松	潜	工	品	暇	放	织	缝	鱼
放	露	露	动	拼	爪	棒	纱	好	奇	摄	游	益	瓷
纫	画	活	潜	技	子	戏	益	营	法	露	舞	织	潜
篮	好	玩	的	松	松	针	营	品	击	钓	足	工	鱼
尾	拼	鱼	摄	技	活	瓷	活	法	乐	疯	狂	的	绘
拼	巴	游	放	害	潜	园	棒	营	图	拳	放	露	戏
营	工	有	趣	鱼	羞	球	针	法	陶	织	棒	个	织
益	松	远	画	图	摄	露	利	动	拼	技	益	鱼	性
猎	人	魔	活	织	松	游	球	法	利	猎	跳	猎	跳

好玩的   疯狂的
猎人   爪子
尾巴   毛皮
好奇   个性
睡觉   荒野
有趣   害羞
独立

39 - Artes Visuais

针	阅	瓷	趣	暇	影	创	造	力	球	摄	绘	艺	乐
缝	瓷	术	击	缝	技	读	篮	拼	球	远	能	画	魔
趣	纫	品	纫	模	摄	益	游	狩	能	摄	游	拳	画
拼	球	阅	阅	具	艺	戏	潜	狩	陶	艺	针	技	技
阅	舞	营	营	营	术	活	杰	作	读	影	舞	蜡	织
能	园	铅	纫	园	家	品	术	游	篮	魔	影	动	舞
艺	建	笔	纫	舞	拳	影	远	织	益	暇	足	足	潜
棒	筑	舞	跳	戏	松	摄	绘	远	狩	电	舞	营	猎
球	潜	看	法	技	暇	纫	舞	陶	器	影	拳	钓	纫
暇	露	游	能	工	猎	猎	粉	笔	工	松	击	暇	击
技	粘	益	拳	图	击	艺	球	营	图	能	拳	读	技
动	土	乐	暇	潜	影	戏	利	瓷	跳	猎	雕	品	篮
针	趣	画	舞	艺	照	片	舞	摄	鱼	肖	摄	塑	利
陶	绘	架	木	炭	棒	纫	能	营	动	像	艺	瓷	乐

粘土
建筑
艺术家
木炭
画架
陶器
创造力
雕塑
模具

电影
照片
粉笔
铅笔
杰作
看法
绘画
肖像

40 - Instrumentos Musicais

瓷	织	班	卓	琴	长	工	潜	拼	游	品	球	绘	舞
拳	篮	影	球	拳	拳	号	能	艺	远	暇	能	乐	术
击	拳	篮	马	曼	放	艺	品	图	猎	利	篮	跳	舞
活	松	陶	林	读	陀	技	放	舞	艺	游	暇	吉	他
暇	双	能	巴	松	管	林	舞	松	足	小	戏	针	放
单	簧	管	动	游	织	竖	琴	摄	艺	提	露	放	法
活	管	读	术	长	萨	克	斯	管	鼓	琴	纫	绘	潜
打	击	乐	器	大	笛	益	阅	篮	品	放	益	暇	放
乐	织	影	暇	提	织	营	绘	猎	技	猎	拳	趣	球
球	放	益	乐	琴	露	潜	园	读	暇	戏	针	篮	暇
利	暇	能	品	绘	动	鱼	戏	乐	潜	潜	趣	摄	锣
拼	击	乐	棒	织	术	棒	法	击	魔	喇	叭	绘
图	益	跳	活	艺	跳	艺	口	绘	击	趣	露	绘	拼
能	篮	猎	铃	鼓	影	钢	琴	戏	放	益	击	织	远

曼陀林	铃鼓
班卓琴	打击乐器
单簧管	钢琴
巴松管	萨克斯管
长笛	长号
口琴	喇叭
竖琴	吉他
马林巴	小提琴
双簧管	大提琴

41 - Escola #1

数 字 活 戏 绘 标 记 乐 园 技 魔 鱼 利 营
露 猎 足 放 露 游 阅 测 舞 影 影 织 工 棒
绘 足 乐 球 织 击 足 陶 验 潜 游 趣 狩 影
缝 动 暇 瓷 影 钓 松 针 球 足 拼 画 绘 拼
数 学 能 答 案 鱼 拼 阅 露 术 利 活 游 拼
篮 露 戏 露 击 营 工 阅 猎 针 织 拼 阅 暇
潜 钓 狩 针 乐 图 活 击 远 球 戏 魔 能 园
画 影 暇 跳 缝 松 书 籍 技 跳 画 篮 阅 织
技 铅 钓 击 跳 午 陶 馆 舞 品 法 品 阅 技
魔 笔 击 猎 考 餐 鱼 阅 摄 工 活 绘 工 松
文 画 瓷 棒 试 鱼 图 棒 棒 园 益 戏 拼 击
件 缝 缝 潜 工 技 老 营 远 远 工 能 松 潜
夹 钓 猎 法 瓷 摄 师 朋 友 益 篮 纸 字 母
艺 足 营 趣 能 戏 技 法 椅 子 戏 乐 能 戏

字母　　　　　　　标记
午餐　　　　　　　数学
朋友　　　　　　　数字
图书馆　　　　　　文件夹
椅子　　　　　　　老师
考试　　　　　　　测验
铅笔　　　　　　　答案
书籍

趣	工	园	鱼	法	自	舞	露	影	工	潜	乐	潜	技
瓷	热	动	利	放	然	能	强	摄	品	鱼	技	绘	
干	足	读	工	棒	鱼	拳	能	术	舞	能	拳	正	常
摄	利	营	跳	技	描	述	性	的	益	足	鱼	宗	荒
魔	园	暇	摄	跳	乐	狩	放	放	陶	乐	陶	利	野
戏	松	球	缝	陶	艺	狩	品	工	松	击	利	艺	纯
负	责	益	潜	图	营	活	品	技	潜	园	钓	能	艺
拳	著	游	棒	跳	陶	松	摄	放	绘	园	趣	品	利
放	名	游	潜	陶	猎	画	阅	影	动	跳	猎	营	图
新	的	咸	陶	织	优	游	利	法	露	趣	工	棒	
织	击	露	击	跳	雅	舞	影	工	生	产	趣	远	魔
拼	鱼	棒	能	球	篮	天	拼	工	法	骄	球	有	趣
营	魔	工	利	图	瓷	才	暇	工	远	工	傲	瓷	放
乐	猎	魔	瓷	足	健	康	创	意	摄	法	利	益	营

正宗	正常
创意	新的
描述性的	骄傲
天才	生产力
优雅	负责
著名的	健康
有趣	荒野
自然	

43 - Roupas

短	瓷	画	帽	工	放	钓	乐	摄	击	阅	篮	摄	戏
裙	远	袜	子	乐	阅	益	游	图	围	裙	钓	织	乐
陶	品	击	阅	棒	品	画	棒	牛	戏	摄	摄	法	绘
暇	球	钓	拳	手	镯	画	暇	仔	图	影	带	法	篮
工	乐	足	缝	套	游	远	影	裤	子	凉	拼	舞	营
利	动	利	艺	动	远	织	活	营	益	鞋	足	潜	放
松	艺	缝	舞	远	工	放	缝	动	绘	钓	能	陶	法
狩	园	画	拼	篮	猎	连	织	工	针	魔	营	球	钓
外	套	活	图	法	瓷	衣	摄	工	术	画	趣	织	瓷
项	链	戏	衬	法	围	裙	针	游	狩	暇	品	园	拳
纫	陶	阅	衫	时	魔	巾	放	利	影	戏	睡	趣	图
游	艺	利	棒	尚	读	瓷	魔	益	趣	毛	衣	读	舞
击	读	技	针	猎	猎	夹	篮	跳	松	击	足	放	拳
益	篮	击	活	狩	品	魔	克	摄	篮	击	跳	击	术

围裙	手套
裤子	袜子
衬衫	时尚
外套子	睡衣
帽子	手镯
项链	短裙
夹克	凉鞋
牛仔裤	毛衣
围巾	连衣裙

44 - Herbalismo

动	乐	足	潜	绿	狩	远	马	潜	阅	陶	植	物	暇
魔	画	足	利	色	法	潜	画	郁	动	远	利	篮	百
棒	影	钓	钓	营	营	钓	影	活	兰	跳	钓	能	里
松	画	迷	松	篮	图	球	艺	利	有	益	的	芳	香
球	舞	迭	艺	棒	利	品	游	艺	游	营	影	拳	菜
茴	香	香	魔	足	工	动	瓷	松	园	游	放	瓷	陶
戏	游	阅	画	能	放	露	术	工	品	活	动	图	织
远	纫	棒	纫	陶	远	篮	摄	游	足	益	益	放	纫
篮	摄	棒	拼	纫	质	瓷	能	乐	图	摄	益	猎	舞
舞	织	缝	罗	魔	量	远	针	绘	缝	藏	拳	益	针
拼	松	品	勒	阅	活	狩	艺	利	活	鱼	红	篮	法
薰	衣	草	游	远	舞	画	龙	蒿	影	大	阅	花	工
戏	狩	图	工	成	阅	瓷	暇	技	陶	蒜	潜	园	跳
活	潜	品	针	活	分	味	道	动	拳	艺	乐	远	针

藏红花	花园
迷迭香	薰衣草
大蒜	罗勒
芳香	马郁兰
有益的	植物
香菜	质量
龙蒿	味道
茴香	百里香
成分	绿色

45 - Férias #1

球	跳	松	背	狩	艺	趣	纫	动	行	货	币	画	瓷
鱼	魔	图	包	趣	缝	活	球	露	程	乐	猎	瓷	绘
园	技	艺	拼	陶	远	猎	营	技	益	远	暇	伞	陶
针	击	利	画	狩	足	缝	钓	露	瓷	陶	钓	戏	击
潜	拼	营	术	摄	猎	足	棒	拳	舞	织	画	暇	湖
乐	暇	手	提	箱	游	纫	跳	跳	画	远	动	魔	暇
游	动	园	远	鱼	读	露	针	缝	足	利	利	放	画
放	陶	读	海	关	绘	动	跳	陶	纫	能	品	读	缝
园	球	动	读	趣	拳	艺	摄	摄	绘	营	飞	动	趣
钓	汽	电	品	远	票	动	松	艺	放	松	机	钓	陶
法	钓	车	针	瓷	征	技	松	活	博	物	馆	远	猎
织	离	开	跳	艺	摄	织	利	艺	利	营	图	针	鱼
品	击	舞	活	阅	棒	缝	动	营	动	阅	篮	趣	游
营	织	篮	棒	术	拳	技	游	客	跳	工	足	球	益

海关   背包
飞机   货币
电车   博物馆
汽车   离开
远征   放松
行程   游客
手提箱

46 - Frutas

橙 绘 暇 画 技 梨 趣 足 球 法 瓷 狩 舞 摄
色 能 跳 暇 钓 园 活 香 葡 萄 术 技 法 工
黑 远 暇 阅 狩 猕 鱼 能 蕉 品 法 技 园 棒
跳 莓 法 棒 樱 猴 针 营 篮 跳 针 拳 椰 游
狩 缝 技 鱼 桃 桃 纫 法 篮 暇 魔 趣 子 鱼
工 利 品 营 瓷 游 瓷 露 狩 摄 法 球 阅 苹
趣 拼 覆 摄 杏 缝 鱼 营 图 狩 摄 术 拳 果
木 阅 盆 棒 瓷 益 园 钓 露 远 趣 乐 营 瓷
读 瓜 子 狩 拳 拼 营 猎 摄 拼 能 术 瓷 摄
工 拳 艺 油 钓 针 无 击 棒 法 绘 菠 舞 狩
舞 艺 图 桃 放 工 花 法 舞 鱼 营 萝 摄 绘
能 益 园 利 影 浆 果 潜 活 跳 瓷 技 缝 鳄
芒 魔 戏 狩 陶 技 棒 图 放 法 柠 檬 画 梨
果 魔 活 放 魔 猎 趣 针 工 趣 乐 动 活 画

鳄梨　　　　　　猕猴桃
菠萝　　　　　　橙色
黑莓　　　　　　柠檬
浆果　　　　　　苹果
香蕉　　　　　　木瓜
樱桃　　　　　　芒果
椰子　　　　　　油桃
无花果　　　　　葡萄
覆盆子

47 - Corpo Humano

戏 皮 肤 暇 拳 艺 肩 织 鱼 戏 肘 部 针 技
陶 读 技 暇 利 乐 钓 膀 远 击 图 瓷 篮 狩
活 远 园 暇 乐 摄 鱼 缝 陶 露 法 狩 能 舞
手 钓 戏 营 技 舞 园 远 瓷 拳 露 远 放 拳
露 绘 织 魔 鱼 足 球 暇 乐 技 潜 影 阅 跳
露 活 踝 图 戏 工 绘 利 活 露 棒 术 球 影
露 球 前 额 猎 鱼 艺 棒 乐 下 舞 鱼 乐 法
戏 血 动 拳 读 影 织 陶 脖 巴 腿 舞 魔 瓷
游 瓷 游 松 跳 跳 头 露 子 暇 摄 趣 膝
足 读 能 画 钓 画 技 绘 陶 潜 耳 朵 盖
纫 猎 手 艺 活 瓷 影 脑 读 陶 潜 猎 摄 缝
趣 猎 魔 指 鼻 缝 缝 眼 心 嘴 拼 图 陶 艺
放 动 棒 颚 子 篮 戏 睛 工 暇 拳 游 暇 利
工 织 读 工 放 陶 画 术 艺 狩 棒 球 缝 活 拳 钓

肘部　　　　　　　耳朵
手指　　　　　　　皮肤
膝盖　　　　　　　脖子
鼻子　　　　　　　下巴
眼睛　　　　　　　前额
肩膀

48 - Restaurante #1

读益游面潜乐菜单利益图技陶跳
远露纫放包术陶鱼肉碗益织击钓
绘益餐巾棒过阅拼钓影术盘子拼
益足甜阅织敏读影技法园放绘猎
营放点利远趣足潜棒趣品摄魔魔
棒能瓷球读舞营拳利松潜远酱足
动游游读工读利技暇拼暇狩动棒
乐潜活鱼鸡放舞拳技松女阅乐画
法织针趣潜利活戏园阅乐服篮露
术瓷图利品影法阅远咖针击务利
刀魔钓工辣猎跳魔绘啡瓷绘舞员
篮狩技图陶狩出纳员读画球厨足
营舞棒保留陶游益摄瓷陶术房舞
动暇钓暇跳棒球瓷舞陶技魔拼品

过敏   菜单
咖啡   面包
出纳员   盘子
厨房   保留
女服务员 甜点
餐巾

49 - Caminhada

足	棒	大	画	陶	悬	狩	针	营	准	阅	绘	读	舞
公	园	自	画	术	崖	读	魔	猎	备	水	篮	拼	钓
指	南	然	动	物	松	跳	放	暇	石	头	营	益	艺
猎	活	陶	纫	跳	能	放	园	猎	戏	松	球	地	陶
球	重	潜	球	营	绘	陶	舞	技	远	品	天	图	摄
园	猎	累	画	魔	篮	影	利	趣	舞	气	露	露
影	读	绘	足	技	绘	远	钓	靴	影	动	画	远	缝
戏	拼	拳	击	舞	远	营	能	魔	子	魔	纫	戏	钓
山	猎	缝	棒	游	鱼	棒	能	篮	戏	足	潜	读	狩
太	游	潜	篮	击	戏	纫	鱼	读	趣	拳	织	法	益
阳	荒	棒	击	跳	瓷	钓	放	营	摄	品	绘	远	足
松	野	图	方	向	气	候	织	危	害	能	潜	园	拳
钓	能	露	陶	篮	法	舞	潜	露	魔	读	技	益	放
技	活	术	读	露	营	品	工	鱼	拼	缝	瓷	益	影

露营
动物
靴子
气候
指南
地图
大自然
方向

公园
石头
悬崖
危害
准备
荒野
太阳
天气

50 - Água

季	风	击	游	缝	乐	趣	法	品	露	游	缝	针	品
品	能	工	猎	钓	能	阅	瓷	园	鱼	湿	露	狩	图
能	陶	戏	拳	潜	冰	画	足	阅	法	度	远	工	足
营	钓	魔	画	拼	技	游	魔	绘	球	运	游	缝	影
放	品	飓	风	蒸	发	趣	足	狩	阅	舞	河	利	拳
纫	益	术	瓷	汽	海	游	舞	瓷	淋	织	趣	法	潜
动	品	影	洪	水	洋	灌	溉	间	浴	跳	绘	趣	利
缝	能	艺	篮	纫	暇	足	钓	利	歇	阅	狩	艺	影
篮	拳	瓷	益	陶	图	画	绘	露	利	泉	营	游	放
纫	画	画	绘	针	缝	阅	园	利	绘	霜	纫	棒	乐
狩	放	动	缝	猎	陶	暇	篮	雨	波	营	陶	湖	营
跳	瓷	能	营	术	读	针	营	拼	浪	雪	营	图	松
趣	能	鱼	画	针	园	魔	猎	园	绘	针	园	纫	魔
鱼	活	潜	松	技	读	暇	魔	狩	远	拳	乐	益	拼

运河
淋浴
蒸发
飓风
间歇泉
洪水

灌溉
季风
海洋
波浪
湿度
蒸汽

51 - Sons

钟 潜 营 游 画 露 能 棒 钓 拼 瓷 猎 陶 钓
品 钓 瓷 拼 魔 钓 球 拳 潜 乐 游 能 跳 松
音 乐 会 舞 魔 能 绘 图 绘 艺 动 游 针 技
织 鱼 暇 影 术 放 游 园 活 陶 动 露 篮 趣
阅 放 摄 潜 益 潜 阅 术 陶 图 读 纫 绘 阅
法 营 工 振 击 趣 技 露 击 益 哨 嘈 足 工
棒 活 绘 动 品 拼 品 针 篮 呻 球 杂 击 纫
画 动 技 针 瓷 影 合 艺 缝 术 吟 拍 露 舞
画 松 拳 拳 露 利 唱 陶 影 读 园 钓 术 绘
声 音 潜 重 艺 阅 益 魔 游 棒 趣 读 读 暇
陶 艺 跳 复 读 笑 回 益 技 乐 织 陶 图 针
缝 咳 钓 读 工 大 声 露 技 园 鱼 暇 远 品
游 织 嗽 击 球 读 耳 语 戏 影 艺 画 技 露
针 能 球 舞 狩 品 棒 图 松 松 术 法 狩 织

大声
音乐会
合唱
回声
呻吟
重复

笑声
嘈杂
耳语
咳嗽
振动
声音

52 - Ecologia

画 足 远 干 法 大 猎 针 能 艺 益 狩 放 园
戏 画 钓 旱 露 自 拳 针 画 瓷 画 放 瓷 缝
益 游 瓷 术 营 然 生 园 趣 能 瓷 益 篮 乐
露 放 钓 纫 画 猎 境 远 击 趣 暇 织 绘 织
乐 乐 猎 陶 利 沼 泽 松 纫 鱼 绘 瓷 瓷 远
潜 营 瓷 阅 球 跳 能 乐 摄 活 跳 舞 放 绘
海 跳 气 益 工 艺 拳 绘 利 益 拼 游 放
洋 阅 候 多 趣 物 志 愿 者 工 猎 社 魔 趣
工 暇 摄 园 样 钓 种 鱼 放 戏 影 区 篮 术
乐 针 品 足 术 性 摄 狩 瓷 动 物 群 猎 艺
戏 松 画 乐 益 针 艺 资 源 暇 跳 魔 舞 魔
绘 生 陶 鱼 拳 棒 舞 棒 自 然 植 被 猎 趣
跳 乐 存 绘 纫 钓 陶 利 技 营 物 放 游 瓷
魔 能 读 活 拼 缝 纫 影 纫 利 益 趣 工 球

气候	大自然
社区	沼泽
多样性	植物
物种	资源
动物群	干旱
生境	生存
海洋	植被
自然	志愿者

53 - Família

女	儿	园	拳	益	暇	趣	表	益	利	摄	丈	姐	园
法	拳	父	亲	的	叔	祖	哥	图	兄	弟	夫	姐	狩
拳	放	亲	猎	松	叔	父	先	艺	品	跳	露	拳	暇
幼	产	瓷	球	篮	法	利	跳	暇	动	鱼	童	影	陶
画	妇	摄	益	影	舞	摄	拼	法	拳	织	年	棒	艺
营	幼	织	阅	篮	艺	阿	姨	孙	子	棒	击	足	织
影	猎	读	暇	棒	跳	瓷	动	篮	针	放	能	品	缝
远	法	拳	摄	狩	益	法	足	舞	孩	子	松	能	阅
拳	暇	绘	棒	足	趣	侄	女	祖	母	亲	放	瓷	击
露	术	阅	阅	织	妻	子	益	球	绘	针	猎	舞	乐
拼	狩	猎	跳	戏	影	球	篮	游	品	击	趣	品	鱼
影	暇	露	陶	瓷	瓷	露	祖	戏	拼	钓	棒	棒	活
影	缝	放	狩	趣	陶	游	工	艺	图	露	露	技	跳
阅	棒	球	营	法	钓	纫	益	魔	足	戏	陶	摄	术

祖先
祖母
祖父
孩子
妻子
女儿
童年
姐姐
兄弟
丈夫

产妇
母亲
孙子
父亲
父亲的
表哥
侄女
侄子
阿姨
叔叔

54 - Férias #2

露	影	园	拳	戏	艺	松	乐	鱼	拼	纫	松	魔	击
钓	工	猎	绘	舞	鱼	动	读	露	拳	游	岛	露	法
外	国	人	园	远	利	放	拼	旅	程	鱼	舞	暇	活
针	戏	园	假	期	击	棒	戏	术	活	海	滩	艺	足
猎	目	的	地	露	缝	帐	技	益	品	拼	机	影	舞
远	绘	狩	图	拼	钓	影	篷	针	戏	技	场	篮	艺
魔	护	照	园	织	钓	拼	瓷	鱼	钓	狩	放	能	露
缝	篮	拼	暇	魔	暇	击	画	活	乐	活	品	针	陶
影	营	足	益	潜	出	动	营	活	技	营	摄	画	艺
园	篮	益	鱼	针	租	织	暇	画	放	画	工	拳	缝
术	足	艺	棒	园	车	园	松	画	魔	品	棒	篮	篮
海	松	技	击	松	照	片	瓷	影	棒	拳	足	趣	趣
酒	店	餐	厅	画	狩	绘	图	击	露	法	能	签	魔
钓	暇	跳	艺	读	运	输	术	篮	营	放	戏	证	缝

露营
机场
目的地
外国人
假期
照片
酒店
地图

护照
海滩
餐厅
出租车
帐篷
运输
旅程
签证

55 - Edifícios

拳	农	能	纫	篮	跳	艺	活	电	影	潜	读	拼	法
体	育	场	超	大	棒	舞	趣	棒	影	拳	塔	鱼	绘
活	钓	鱼	级	使	技	天	文	台	车	戏	工	园	益
城	堡	远	市	馆	露	图	陶	图	品	库	厂	放	织
谷	仓	猎	场	露	趣	乐	工	击	跳	动	能	图	游
拳	篮	法	放	利	读	棒	能	摄	技	图	活	法	影
放	纫	帐	拳	戏	乐	潜	狩	艺	读	鱼	技	剧	击
园	瓷	篷	画	技	舞	利	艺	动	足	魔	医	院	纫
戏	游	狩	纫	远	实	大	艺	趣	图	露	工	活	狩
艺	钓	读	舞	阅	验	学	球	纫	博	物	馆	舞	戏
篮	针	利	松	游	室	放	影	戏	能	暇	鱼	鱼	活
拼	酒	活	鱼	跳	动	潜	营	绘	松	能	园	公	读
益	影	店	暇	学	校	跳	针	工	法	园	法	寓	狩
技	击	动	露	猎	动	利	跳	乐	放	工	艺	绘	阅

公寓	医院
城堡	酒店
谷仓	实验室
电影	博物馆
大使馆	天文台
学校	超级市场
体育场	剧院
农场	帐篷
工厂	大学
车库	

影 钓 术 法 乐 摄 能 园 营 拼 趣 暇 动 远
岛 利 纫 伞 品 品 画 船 纫 画 纫 图 狩 针
织 钓 技 码 活 法 针 园 击 跳 跳 织 海 暇
毛 巾 术 头 缝 击 暇 动 陶 艺 钓 工 画 洋
影 技 戏 利 浮 戏 钓 露 放 纫 螃 蟹 法 暇
陶 品 狩 活 湖 凉 鞋 园 法 舞 远 法 技 艺
篮 园 园 猎 影 园 绘 阅 法 艺 远 球 乐 潜
阅 工 艺 陶 篮 针 猎 拳 潜 松 影 影 暇 读
绘 礁 海 拳 棒 摄 读 蓝 针 球 击 陶 太 阳
球 乐 读 岸 跳 陶 活 色 远 松 游 放 活 摄
猎 营 鱼 影 猎 放 潜 园 绘 松 潜 技 技 品
摄 游 读 品 品 陶 读 露 鱼 针 跳 帆 鱼 园
篮 拼 活 足 术 织 工 品 术 乐 潜 船 足 阅
球 趣 绘 工 乐 球 狩 篮 利 营 露 陶 沙 画

蓝色	海洋
螃蟹	凉鞋
海岸	太阳
码头	毛巾
浮湖	帆船

57 - Xadrez

图	读	活	远	营	挑	战	略	缝	棒	播	击	球	瓷
术	活	影	拼	狩	狩	针	法	法	白	活	放	品	露
拼	读	放	影	摄	拼	影	技	黑	色	艺	园	器	活
鱼	织	舞	摄	艺	篮	篮	摄	利	纫	松	拳	针	暇
放	纫	营	法	园	织	球	园	趣	营	游	摄	织	舞
舞	冠	狩	陶	击	画	潜	足	跳	艺	缝	戏	影	影
利	军	放	钓	球	缝	戏	瓷	能	术	法	戏	技	技
陶	拳	纫	艺	园	画	织	阅	猎	动	读	缝	女	王
狩	针	艺	绘	趣	戏	鱼	阅	能	魔	绘	益	艺	暇
戏	足	被	狩	远	技	缝	工	读	球	猎	狩	潜	织
阅	工	动	对	角	线	球	游	戏	活	阅	暇	比	瓷
规	利	能	击	牺	戏	舞	鱼	露	工	点	潜	赛	摄
利	则	时	间	牲	对	手	猎	潜	技	戏	工	足	露
跳	篮	拼	趣	绘	放	品	趣	纫	法	画	拳	暇	技

白色
冠军
比赛
挑战
对角线
战略
播放器
游戏

对手
被动
黑色
女王
规则
牺牲
时间

58 - Aventura

挑读潜松行程拼工远活技纫足影
战远趣针能技影鱼乐营动法导摄
跳瓷击棒画画术新钓危险图航能
狩益术纫画篮拼远的准舞趣阅动
旅织暇阅能鱼钓鱼备游美游跳
行利摄画远品趣鱼工目的地
篮暇戏异足益针游露远拳读纫
棒术艺趣常击困动园趣画益画
陶钓织钓热活难阅钓趣棒篮阅画
瓷潜大跳图术阅园棒机阅远戏
绘针自园情术钓朋读击戏画
暇球然跳缝魔跳友画戏阅能
术品戏露趣戏活安全喜动画工动
乐活动篮篮纫陶营潜悦织鱼利影

喜悦   异常
朋友   行程
活动   大自然
勇敢   导航
机会   新的
挑战   危险准备
目的地   安全
困难   旅行
热情
远足

59 - Surf

初	瓷	影	鱼	趣	魔	园	活	艺	游	陶	画	瓷	图
学	鱼	球	球	戏	能	法	猎	营	足	松	绘	篮	活
者	狩	技	动	幼	品	阅	舞	针	画	速	海	露	动
猎	狩	缝	足	舞	鱼	工	针	远	胃	度	滩	阅	游
乐	球	营	露	棒	舞	工	松	技	阅	阅	运	暇	篮
力	跳	工	针	篮	风	格	术	礁	球	鱼	拼	动	术
波	量	极	端	棒	冠	棒	织	放	露	人	能	陶	员
趣	陶	摄	园	瓷	舞	军	瓷	读	瓷	群	幼	潜	园
幼	钓	园	图	棒	天	能	艺	陶	幼	跳	画	益	针
摄	放	动	跳	画	气	艺	艺	戏	泡	拼	品	影	瓷
跳	技	潜	活	读	幼	营	篮	拳	沫	术	乐	画	舞
摄	棒	棒	松	戏	针	魔	流	行	的	品	术	魔	针
营	绘	法	拼	技	动	工	营	图	画	图	动	品	营
营	狩	魔	暇	魔	读	工	针	海	洋	潜	击	鱼	游

运动员
冠军
泡沫
风格
极端
力量
人群

海洋
流行的
海滩
初学者
速度
天气

60 - Floresta Tropical

动	益	读	拳	舞	大	自	然	缝	跳	拼	松	远	游
趣	跳	戏	品	拼	陶	摄	能	园	针	活	营	球	有
露	画	拳	缝	苔	藓	远	营	能	艺	陶	园	工	价
织	戏	法	营	图	球	纫	昆	鸟	类	松	术	能	值
活	舞	植	读	法	利	棒	工	虫	营	缝	摄	活	的
狩	技	物	棒	趣	技	猎	远	营	暇	工	画	术	艺
丛	阅	云	物	种	社	区	恢	狩	阅	法	品	利	趣
林	钓	跳	营	露	舞	复	游	绘	织	营	阅	多	营
园	读	瓷	陶	织	益	能	魔	篮	营	猎	远	样	读
针	避	难	所	气	两	远	摄	技	动	远	影	性	球
狩	拳	缝	跳	候	栖	放	技	戏	乐	工	利	法	缝
露	鱼	艺	哺	乳	动	物	露	尊	生	影	球	球	瓷
园	球	品	艺	纫	物	足	摄	重	动	存	保	存	乐
益	棒	能	瓷	品	拳	缝	远	球	阅	纫	艺	钓	狩

两栖动物

植物

气候

社区

多样性

物种

昆虫

哺乳动物

苔藓

大自然

鸟类

保存

避难所

尊重

恢复

丛林

生存

有价值的

61 - Cidade

陶	摄	拼	超	级	市	场	跳	益	拼	钓	猎	面	大
露	图	猎	体	育	场	画	陶	图	技	钓	品	包	学
绘	足	图	猎	动	品	动	廊	绘	猎	针	花	店	校
银	行	书	店	松	戏	击	机	织	球	钓	活	艺	球
钓	趣	馆	纫	能	利	织	露	趣	拳	动	缝	能
击	拼	魔	狩	露	乐	足	远	动	营	动	戏	放	拼
猎	鱼	篮	艺	织	狩	篮	缝	摄	狩	阅	拳	篮
击	法	营	法	摄	摄	缝	影	织	能	摄	拼	技
棒	品	乐	法	瓷	读	陶	药	店	动	纫	阅	纫	画
益	球	品	营	篮	活	酒	足	博	物	馆	图	益	足
剧	暇	潜	魔	图	电	店	艺	术	园	松	松	技	戏
院	棒	阅	瓷	球	利	影	拳	影	舞	技	品	纫
鱼	拳	品	图	乐	绘	沙	陶	暇	球	鱼	织	猎
跳	瓷	技	击	能	远	龙	餐	厅	动	棒	魔	图	阅

机场	动物园
银行	书店
图书馆	市场
电影	博物馆
学校	面包店
体育场	餐厅
药店	沙龙
花店	超级市场
画廊	剧院
酒店	大学

62 - Matemática

读	拳	品	乐	绘	篮	鱼	算	园	织	摄	摄	能	猎
阅	缝	艺	纫	利	棒	陶	术	鱼	影	暇	阅	术	潜
球	拳	十	进	制	棒	游	远	和	瓷	球	品	舞	魔
工	方	几	何	学	矩	缝	阅	拳	陶	术	营	织	针
拳	程	游	击	益	游	形	益	戏	读	术	艺	多	瓷
织	织	松	周	画	分	数	活	戏	平	行	四	边	形
利	舞	游	长	暇	篮	舞	魔	戏	动	动	阅	形	篮
活	垂	直	径	狩	绘	活	游	球	阅	拳	法	乐	技
动	狩	露	活	陶	动	趣	活	工	对	篮	缝	针	广
半	能	舞	拳	动	露	织	工	鱼	称	猎	画	缝	场
径	术	缝	画	针	平	舞	能	能	指	数	营	松	缝
狩	钓	瓷	棒	舞	利	行	鱼	狩	动	画	潜	钓	球
图	缝	园	角	棒	拼	暇	猎	狩	益	针	画	跳	钓
法	摄	益	度	艺	戏	术	活	三	角	形	卷	拼	暇

算术　　　　　　　　　平行
角度　　　　　　　　　平行四边形
周长　　　　　　　　　垂直
十进制　　　　　　　　多边形
直径　　　　　　　　　广场
方程　　　　　　　　　半径
指数　　　　　　　　　矩形
分数　　　　　　　　　对称
几何学　　　　　　　　三角形

63 - Natureza

猎	舞	法	针	棒	能	足	纫	营	河	猎	潜	织	技
法	宁	能	足	艺	技	利	钓	画	和	平	钓	活	拼
阅	静	术	森	阅	钓	益	云	拳	园	棒	鱼	游	热
戏	球	瓷	林	舞	放	艺	园	放	能	影	冰	川	带
营	远	庇	动	拼	鱼	暇	狩	球	狩	侵	蚀	荒	重
陶	图	品	护	跳	能	树	读	活	艺	工	猎	野	要
蜜	蜂	避	难	所	工	陶	叶	陶	舞	绘	钓	沙	的
拳	鱼	拳	陶	鱼	篮	纫	狩	利	影	猎	能	露	漠
潜	拳	画	利	法	品	摄	瓷	阅	游	织	读	活	跳
雾	狩	读	法	击	工	暇	益	园	鱼	益	纫	工	品
棒	缝	缝	北	极	钓	足	品	陶	艺	益	绘	图	画
动	拳	瓷	钓	击	织	狩	钓	读	益	趣	术	乐	鱼
足	影	图	阅	动	态	工	摄	猎	活	阅	远	球	动
工	绘	球	露	物	篮	品	能	利	陶	绘	园	美	营

蜜蜂	树叶
庇护所	冰川
动物	和平
北极	避难所
沙漠	荒野
动态	宁静
侵蚀	热带
森林	重要的

64 - Animais de Estimação

猎	画	钓	营	动	衣	法	摄	篮	针	小	潜	狩	乐
益	暇	益	工	尾	舞	领	鼠	猎	拳	狗	针	活	暇
潜	露	影	乐	拼	巴	能	仓	鼠	魔	法	鱼	鱼	绘
画	陶	远	远	活	猎	猎	跳	魔	针	放	乐	蜥	蜴
露	绘	狩	球	阅	图	品	艺	跳	狩	乌	棒	摄	跳
织	猎	术	读	益	球	放	瓷	陶	术	龟	利	陶	纫
舞	活	绘	游	魔	露	钓	利	绘	戏	篮	纫	能
营	瓷	足	舞	跳	放	艺	法	潜	法	针	陶	法	水
活	法	击	拼	击	技	棒	织	品	摄	篮	术	技	足
松	兽	医	篮	牛	园	画	鱼	缝	影	营	小	猫	图
潜	读	趣	舞	远	拼	图	动	动	技	利	法	舞	棒
画	利	狗	远	瓷	球	狩	棒	法	鹦	鹉	益	爪	足
狩	猎	狩	影	拼	击	趣	织	针	园	法	兔	子	钓
动	放	山	羊	暇	钓	缝	艺	画	陶	针	园	工	棒

山羊
小狗
尾巴
兔子
衣领
爪 子

小猫
仓鼠
蜥蜴
鹦鹉
乌龟
兽医

65 - Escalada

纫	暇	动	猎	影	拳	球	篮	大	篮	益	指	图	术
活	放	图	活	摄	拼	趣	缝	气	益	乐	南	远	园
利	击	好	棒	拳	图	暇	露	层	游	乐	园	园	足
魔	品	奇	狩	绘	纫	靴	缝	术	技	法	鱼	狩	魔
利	针	心	营	针	动	子	瓷	针	手	能	露	品	跳
乐	益	阅	潜	钓	头	盔	益	术	艺	套	露	画	图
稳	定	性	鱼	法	趣	动	专	家	能	能	球	影	陶
营	动	织	暇	暇	影	动	活	艺	品	针	鱼	远	潜
读	工	陶	纫	趣	洞	利	拼	陶	园	拳	阅	舞	绘
纫	活	游	挑	影	穴	地	图	力	拳	针	营	瓷	影
拳	钓	魔	影	战	猎	形	术	量	潜	棒	瓷	益	球
绘	球	棒	松	露	鱼	舞	益	窄	击	阅	法	缝	游
营	舞	活	棒	画	高	度	暇	纫	游	术	瓷	跳	术
戏	动	活	缝	瓷	益	技	游	园	潜	球	瓷	暇	画

高度　　　　　　　　　专家
大气层　　　　　　　　稳定性
靴子　　　　　　　　　力量
远足　　　　　　　　　指南
头盔　　　　　　　　　手套
洞穴　　　　　　　　　地图
好奇心　　　　　　　　地形
挑战

66 - Aviões

远	钓	松	园	猎	钓	舞	织	读	篮	趣	工	篮	魔
狩	图	空	气	拳	露	技	舞	技	绘	球	潜	影	摄
大	图	舞	放	园	钓	品	营	戏	篮	园	露	足	击
魔	气	燃	料	球	读	球	远	高	织	技	跳	织	读
绘	织	层	园	缝	钓	技	缝	度	下	乘	远	飞	缝
阅	纫	绘	潜	阅	益	图	织	氢	降	露	客	行	趣
湍	流	画	露	趣	摄	营	膨	胀	落	远	船	员	园
陶	趣	画	法	松	利	方	向	舞	暇	舞	技	篮	狩
能	针	艺	潜	鱼	乐	艺	拳	球	动	织	乐	潜	缝
法	棒	拼	球	术	钓	织	篮	放	艺	冒	险	放	游
拳	利	远	魔	魔	历	摄	松	瓷	跳	跳	利	营	猎
拳	篮	狩	猎	营	史	品	拳	气	导	航	法	潜	术
远	天	气	纫	戏	阅	球	篮	球	阅	活	鱼	潜	织
图	空	读	引	擎	乐	猎	魔	棒	术	棒	摄	足	织

高度
空气
降落
大气层
冒险
气球
天空
燃料
下降
方向

历史
膨胀
引擎
导航
乘客
飞行员
天气
船员
湍流

67 - Tipos de Cabelo

闪	金	发	缝	击	活	舞	干	厚	长	影	营	阅	技
影	亮	画	放	猎	鱼	活	暇	针	健	拼	卷	松
柔	软	的	魔	摄	戏	艺	陶	鱼	缝	康	针	趣	发
击	艺	技	艺	绘	银	乐	织	影	露	瓷	技	鱼	画
球	影	能	品	活	松	薄	技	利	松	击	露	陶	艺
活	魔	纫	球	拳	技	乐	露	术	针	白	棕	读	影
钓	放	缝	利	针	足	技	魔	拳	拼	黑	色	图	园
球	钓	活	编	影	鱼	跳	品	松	露	猎	乐	击	纫
工	艺	潜	织	卷	乐	魔	露	艺	瓷	画	缝	活	露
潜	远	乐	钓	曲	摄	跳	远	纫	暇	潜	读	辫	子
技	秃	活	纫	图	游	拳	画	技	工	技	摄	园	跳
能	棒	针	影	法	跳	足	针	潜	绘	鱼	能	绘	灰
绘	针	舞	戏	艺	园	工	益	品	影	图	狩	术	色
艺	活	拳	棒	钓	猎	动	针	猎	阅	放	短	读	戏

白色	棕色
闪亮的	黑色
卷发	健康
灰色	柔软的
卷曲	编织
金发	辫子

68 - Formas

图	钓	**工**	**法**	足	戏	金	椭	圆	形	戏	**拼**	织	边
纫	击	针	**工**	品	能	字	圆	拳	舞	跳	**跳**	钓	猎
动	织	趣	**松**	**球**	鱼	塔	织	戏	棒	远	摄	钓	暇
画	品	弧	阅	**跳**	**工**	圆	活	园	**法**	缝	陶	三	棒
织	跳	读	益	猎	锥	露	筒	陶	影	画	戏	角	落
拼	放	暇	立	**方**	**体**	放	针	露	纫	猎	画	形	暇
狩	钓	乐	影	拼	鱼	动	营	品	篮	棱	术	钓	狩
放	园	读	魔	动	棒	能	鱼	潜	**拼**	镜	舞	**球**	利
舞	益	图	击	矩	暇	圈	艺	双	多	边	形	钓	影
魔	鱼	绘	**工**	形	放	艺	动	曲	动	**广**	益	乐	益
益	猎	**放**	针	读	**法**	缝	暇	线	线	**场**	读	鱼	猎
绘	益	图	鱼	动	摄	狩	跳	益	读	潜	松	钓	露
品	猎	游	放	纫	舞	绘	露	松	织	动	织	潜	击
针	阅	趣	魔	狩	**工**	阅	瓷	益	暇	瓷	针	趣	鱼

角落   椭圆形
圆筒   金字塔
锥体   多边形
立方体   棱镜
曲线   广场
椭圆   矩形
双曲线   三角形

69 - Dias e Meses

活	魔	绘	利	缝	法	活	图	远	钓	跳	六	动	益
拼	跳	图	营	放	远	狩	露	日	历	戏	星	月	艺
营	足	暇	十	术	猎	动	猎	拳	篮	露	期	期	瓷
十	影	纫	二	月	图	狩	阅	针	缝	棒	日	松	四
月	狩	七	月	九	缝	狩	趣	画	利	篮	星	月	月
法	缝	织	跳	月	游	阅	足	织	营	戏	期	拼	十
星	期	六	乐	拼	篮	戏	鱼	击	园	露	五	猎	一
期	潜	图	动	术	画	艺	法	缝	戏	年	击	八	月
二	技	戏	击	陶	能	艺	织	术	能	棒	星	月	针
钓	戏	利	缝	艺	舞	技	陶	法	猎	远	法	期	动
篮	能	松	摄	影	瓷	品	画	跳	瓷	针	狩	拼	一
画	营	艺	缝	瓷	织	一	周	品	篮	松	猎	乐	陶
益	拳	阅	图	放	画	月	魔	松	篮	艺	活	狩	术
鱼	放	阅	棒	动	跳	击	利	暇	趣	放	拳	读	戏

四月	十一月
八月	十月
日历	星期四
十二月	星期六
星期日	星期一
二月	九月
一月	星期五
七月	星期二
六月	

70 - Geografia

摄 城 摄 游 营 棒 品 拼 舞 园 织 魔 绘 绘
活 市 利 织 拼 露 纫 纬 绘 子 暇 读 针 篮
国 家 术 营 暇 狩 远 度 河 纫 午 猎 球 阅
营 法 纫 针 游 能 潜 击 篮 山 潜 线 暇 潜
动 工 艺 瓷 魔 游 暇 益 戏 大 陆 北 画 术
艺 足 舞 纫 图 高 度 戏 术 半 魔 营 地 影
技 暇 暇 摄 动 利 跳 纫 画 球 绘 读 图 图
拳 篮 技 拳 远 鱼 纫 地 南 棒 织 集 利
暇 拼 拼 陶 营 动 园 区 营 暇 利 狩 跳
岛 趣 拼 魔 暇 能 戏 影 读 动 工 跳 利 狩
术 足 动 露 拳 品 益 潜 纫 篮 世 界 篮
远 品 暇 领 球 暇 鱼 法 画 趣 戏 拼 读 远
图 摄 能 土 图 织 法 织 图 西 阅 艺 拳 乐
活 法 海 洋 钓 钓 松 拼 能 摄 绘 法 工 瓷

高度
地图集
城市
大陆
半球
纬度
地图

子午线
世界
海洋
国家
地区
领土

71 - Antártica

戏	温	暇	技	潜	海	湾	摄	瓷	暇	图	拳	园	篮
图	度	环	艺	阅	艺	钓	拼	猎	针	纫	动	钓
动	法	境	研	究	员	狩	远	缝	园	艺	能	画	足
地	益	趣	织	缝	半	岛	科	地	猎	法	猎	暇	露
松	理	瓷	摄	摄	潜	屿	学	形	园	暇	钓	足	拳
营	纫	针	鱼	游	水	纫	的	企	织	舞	松	移	民
阅	狩	缝	织	狩	足	阅	营	鹅	拼	大	针	远	戏
艺	活	矿	物	拳	松	游	瓷	针	冰	陆	篮	征	狩
动	园	陶	缝	球	暇	法	潜	利	舞	川	潜	球	园
影	缝	拼	击	乐	钓	戏	鱼	纫	松	营	缝	营
术	图	击	品	足	法	能	放	猎	洛	戏	画	术
纫	阅	趣	织	织	狩	技	猎	品	奇	陶	园	织	钓
图	冰	陶	缝	暇	园	读	瓷	利	拼	园	益	动	保
乐	猎	织	术	猎	狩	击	营	足	益	画	摄	足	护

环境
科学的
保护
大陆
海湾
远征
冰川
地理
岛屿

研究员
移民
矿物
半岛
企鹅
洛奇
温度
地形

法	放	园	拳	猎	牡	丹	球	足	潜	益	瓷	活	缝
术	松	艺	摄	利	戏	远	阅	摄	足	棒	艺	动	营
活	暇	栀	钓	能	三	针	雏	品	针	鱼	乐	阅	游
玫	术	子	法	跳	叶	击	菊	薰	衣	草	绘	球	远
瑰	暇	花	瓣	法	草	棒	陶	球	水	绘	足	影	狩
棒	松	跳	术	品	茉	篮	远	球	能	仙	松	画	趣
技	足	影	艺	益	莉	园	绘	放	艺	读	花	罂	影
益	绘	拼	暇	品	花	篮	画	图	花	束	魔	能	粟
百	纫	绘	暇	益	芙	蓉	能	瓷	郁	金	香	篮	舞
合	玉	蒲	戏	工	舞	足	金	图	趣	跳	戏	拳	织
钓	兰	花	公	术	舞	盏	艺	艺	松	远	魔	针
艺	击	戏	营	英	露	纫	花	动	纫	工	读	摄	舞
影	法	能	影	猎	营	术	活	园	棒	潜	陶	针	阅
击	摄	猎	远	向	日	葵	趣	法	摄	暇	营	远	技

花束
金盏花
蒲公英
栀子花
向日葵
芙蓉
茉莉花
薰衣草
百合
玉兰

雏菊
水仙花
兰花
罂粟
牡丹
花瓣
玫瑰
三叶草
郁金香

73 - Fazenda #1

摄	羊	群	动	魔	肥	山	足	趣	缝	狩	活	远	驴
马	营	舞	干	草	料	羊	摄	乐	利	纫	钓	猫	球
趣	图	织	拼	猎	品	乐	鱼	绘	绘	远	狩	图	影
松	魔	栅	栏	技	领	鸡	狗	营	松	篮	击	缝	能
摄	活	跳	法	图	域	蜂	蜜	织	画	织	暇	狩	品
图	拳	跳	读	舞	能	术	瓷	瓷	鱼	露	趣	乐	织
益	营	纫	足	动	园	拳	术	米	技	棒	拼	跳	趣
拳	松	击	营	技	活	法	球	技	远	陶	术	篮	露
能	图	影	法	水	足	绘	营	鱼	猎	松	工	织	露
钓	技	瓷	园	营	小	腿	活	牛	舞	篮	远	工	跳
舞	乐	瓷	画	乌	鸦	影	放	阅	织	瓷	鱼	陶	跳
钓	足	园	乐	画	阅	农	猎	舞	篮	狩	拳	戏	营
阅	动	动	术	阅	工	业	法	绘	益	园	阅	针	蜜
魔	乐	趣	露	拼	足	纫	工	乐	棒	拳	松	猪	蜂

蜜蜂	乌鸦
农业	干草
小腿	肥料
山羊	蜂蜜
领域	羊群
栅栏	

74 - Livros

悲	影	拳	拼	拳	拳	陶	猎	发	系	列	书	潜	历
剧	影	瓷	图	艺	暇	猎	作	诗	明	狩	棒	面	史
读	者	二	元	性	能	能	者	歌	活	图	相	关	的
影	远	摄	动	暇	露	放	动	利	图	魔	技	织	绘
陶	趣	远	击	暇	狩	针	利	魔	球	艺	球	魔	游
能	营	棒	活	影	游	织	游	狩	乐	旁	故	织	棒
史	诗	远	足	摄	冒	险	狩	摄	上	白	事	术	拼
篮	戏	页	阅	画	棒	足	球	鱼	下	文	纫	收	图
棒	画	绘	织	品	远	缝	暇	舞	文	舞	陶	藏	纫
戏	图	暇	摄	露	陶	技	影	园	学	戏	画	潜	潜
艺	魔	活	趣	潜	动	鱼	织	拼	放	球	远	能	品
鱼	瓷	瓷	趣	针	能	暇	利	术	猎	松	摄	艺	猎
小	说	舞	狩	影	园	潜	暇	技	技	缝	钓	钓	跳
技	足	乐	拳	摄	鱼	跳	篮	画	魔	舞	乐	纫	读

75 - Chocolate

篮	抗	氧	化	剂	趣	艺	远	趣	针	拳	能	图	放
香	气	品	益	游	活	猎	球	暇	暇	游	益	露	法
活	益	苦	跳	利	陶	足	猎	园	陶	击	放	益	针
可	可	法	鱼	利	跳	足	趣	露	球	影	异	松	陶
术	纫	跳	利	影	艺	球	趣	成	食	棒	国	艺	利
趣	阅	花	最	喜	欢	的	椰	分	谱	艺	情	鱼	足
摄	织	糖	生	甜	蜜	的	子	趣	跳	图	调	技	绘
术	趣	营	园	篮	缝	潜	狩	利	美	陶	绘	味	味
戏	品	潜	阅	拳	营	能	乐	露	术	绘	鱼	道	
拳	卡	路	里	潜	露	摄	戏	拳	画	猎	动	鱼	园
放	法	能	潜	陶	艺	绘	露	动	营	图	营	利	织
趣	阅	工	能	绘	暇	鱼	拳	营	图	营	放	利	营
针	瓷	焦	阅	魔	潜	缝	动	纫	足	篮	放	利	陶	放
工	游	乐	糖	魔	动	能	钓	质	量	品	陶	陶	益

花生
抗氧化剂
香气
可可
卡路里
焦糖
椰子
美味

甜蜜的
异国情调
最喜欢的
味道
成分
质量
食谱

潜	绘	工	动	织	法	法	鱼	魔	绘	语	足	瓷	跳
插	画	家	物	利	营	瓷	能	钓	宇	言	猎	潜	图
能	家	跳	学	松	活	瓷	利	品	航	学	松	放	远
画	远	放	家	狩	钓	钓	飞	行	员	家	益	钓	动
球	棒	术	画	缝	织	松	能	松	园	术	拳	研	织
趣	鱼	瓷	钓	缝	松	工	狩	工	足	丁	织	究	放
钓	老	师	松	缝	益	动	能	术	利	潜	记	员	足
营	纫	潜	乐	潜	法	外	足	农	民	哲	画	者	利
生	球	缝	术	球	陶	科	乐	艺	针	学	摄	影	师
物	发	织	园	术	棒	医	生	画	利	家	瓷	远	活
学	拼	明	工	程	师	生	图	书	管	理	员	牙	医
家	远	纫	者	篮	潜	绘	织	园	品	园	钓	艺	缝
摄	动	画	拳	画	拳	狩	术	阅	纫	棒	利	利	瓷
工	织	暇	猎	棒	戏	击	术	活	松	织	篮	鱼	猎

农民	发明者
宇航员	研究员
图书管理员	园丁
生物学家	记者
外科医生	语言学家
牙医	医生
工程师	飞行员
哲学家	画家
摄影师	老师
插画家	动物学家

77 - Fazenda #2

拼	艺	趣	狩	松	玉	米	小	乐	球	活	品	艺	潜
陶	影	工	阅	图	篮	陶	品	麦	拖	狩	绘	鹅	工
利	技	水	工	益	击	织	园	读	拉	鱼	纫	图	乐
钓	篮	果	牧	羊	人	缝	工	益	机	乐	远	摄	品
工	园	拼	技	纫	动	物	果	园	蔬	图	拼	织	球
猎	篮	影	美	洲	驼	法	读	纫	菜	钓	足	趣	益
阅	益	球	品	猎	潜	大	球	缝	棒	缝	拼	法	露
击	击	戏	法	织	影	麦	品	缝	乐	鱼	足	益	放
活	图	舞	灌	潜	棒	陶	击	棒	术	读	钓	艺	游
技	棒	球	溉	松	拼	钓	能	棒	乐	画	益	戏	松
放	暇	趣	草	牛	奶	营	品	绘	鸭	放	谷	趣	潜
钓	摄	棒	球	甸	摄	画	艺	陶	钓	营	仓	狩	舞
松	戏	棒	术	摄	瓷	画	能	猎	瓷	松	阅	工	羊
足	农	民	暇	鱼	纫	绘	拼	猎	影	能	拼	园	肉

农民
动物
谷仓
大麦
羊肉
水果
灌溉
牛奶

美洲驼
玉米
牧羊人
果园
草甸
拖拉机
小麦
蔬菜

78 - Jardim

棒	吊	动	池	动	动	花	果	园	画	绘	球	营	露
蹦	床	土	壤	塘	树	园	阅	球	棒	游	击	棒	拼
能	暇	幼	猎	活	图	拳	动	陶	活	游	法	园	绘
幼	阅	能	织	摄	瓷	艺	乐	技	杂	读	工	戏	足
灌	木	软	乐	针	拼	利	益	草	草	工	影	舞	远
鱼	鱼	管	画	跳	陶	潜	篮	坪	画	游	狩	松	暇
球	舞	动	幼	栅	狩	缝	魔	舞	趣	陶	鱼	读	远
远	画	益	摄	栏	技	利	图	足	织	织	摄	棒	利
门	廊	动	艺	阅	鱼	针	放	车	库	法	能	阅	鱼
乐	影	耙	营	远	陶	潜	拼	艺	活	能	术	放	益
魔	击	针	击	营	艺	益	读	益	球	击	放	狩	魔
利	乐	暇	舞	暇	影	园	缝	潜	松	营	摄	足	幼
园	摄	露	绘	游	读	跳	铲	游	活	松	针	阅	戏
法	舞	图	陶	画	读	暇	平	台	游	法	魔	趣	狩

灌木
栅栏
杂草
车库
草坪
花园
池塘

吊床
软管
果园
土壤
平台
蹦床
门廊

79 - Comédia

品	松	篮	瓷	潜	远	利	舞	潜	园	动	放	活	棒
摄	阅	拳	放	篮	绘	品	戏	纫	技	趣	掌	阅	
缝	演	球	戏	益	技	钓	乐	读	舞	击	乐	品	声
画	员	趣	园	乐	画	潜	球	游	画	动	球	球	放
足	拳	狩	术	拳	瓷	织	魔	影	乐	戏	阅	术	舞
法	猎	模	仿	品	猎	放	远	摄	足	即	棒	能	趣
鱼	富	能	电	视	放	舞	艺	放	活	猎	兴	图	织
戏	有	趣	女	演	员	幽	默	游	能	鱼	能	创	艺
趣	表	拳	动	活	篮	图	笑	缝	猎	术	剧	院	作
类	现	利	趣	艺	画	品	潜	声	露	魔	钓	阅	游
型	力	阅	戏	织	术	游	园	跳	读	钓	小	笑	工
园	工	棒	品	篮	利	能	技	读	观	画	丑	话	营
狩	远	读	瓷	能	纫	魔	织	钓	众	放	乐	绘	摄
益	足	暇	品	读	影	暇	露	艺	放	瓷	魔	游	利

掌声　　　　　　　　　小丑
演员　　　　　　　　　模仿
女演员　　　　　　　　笑话
有趣　　　　　　　　　观众
富有表现力　　　　　　笑声
类型　　　　　　　　　剧院
幽默　　　　　　　　　电视
即兴创作

80 - Oceano

纫	**海**	趣	足	陶	拼	动	纫	画	乐	棒	织	**松**	园
乌	绵	术	活	露	缝	**潮**	**汐**	盐	图	针	**活**	营	钓
龟	鱼	猎	乐	**海**	**蜇**	画	潜	风	暴	狩	阅	营	营
趣	虾	篮	针	**技**	**牡**	钓	章	鲨	园	礁	**狩**	利	乐
松	营	拼	舞	击	**蛎**	动	鳗	鱼	金	松	露	纫	摄
跳	图	术	跳	针	摄	猎	击	织	枪	瓷	动	**益**	能
绘	纫	**技**	**能**	术	动	**松**	读	利	鱼	能	鲸	露	图
篮	画	动	利	摄	纫	篮	**画**	**海**	**豚**	瓷	棒	猎	缝
珊	船	读	活	鱼	**技**	远	球	戏	影	远	舞	瓷	猎
艺	**瑚**	跳	棒	活	动	能	松	技	纫	魔	魔	活	狩
画	术	园	瓷	术	读	拼	益	露	工	能	缝	**螃**	篮
利	魔	绘	针	狩	阅	织	乐	鱼	利	球	球	**蟹**	**藻**
法	游	工	画	击	钓	暇	钓	织	放	动	击	魔	**类**
针	暇	益	击	瓷	露	动	钓	陶	针	游	游	狩	艺

藻类	**潮汐**
金枪鱼	**海蜇**
螃蟹	**牡蛎**
珊瑚	**章**鱼
鳗鱼	乌龟
海绵	风暴
海豚	鲨鱼

81 - Profissões #1

跳编暇拳技乐钓心护击水趣科狩
品潜辑消防队员理士跳手拼学缝
珠宝商动拳地质学家乐钢琴家摄
音绘艺趣纫影狩家瓷艺益游陶远
水乐术魔魔陶术益鱼球乐戏拼跳
瓷管家大使律远园击能天文学家
跳击工拼游师瓷影园绘瓷松画瓷
技图跳拳术远能趣棒园鱼绘瓷园
足球狩绘织园利游拳织摄技舞棒
银行家跳法松趣拼纫纫摄暇钓鱼
潜兽医针园拳术读工舞蹈家品缝
游利猎跳绘戏游阅画读读足动瓷
拳织人狩绘摄棒戏魔放益工园织
能陶园陶读针拼制图师益乐缝足

律师	大使
艺术家	水管工
天文学家	护士
银行家	地质学家
消防队员	珠宝商
猎人	水手
制图师	音乐家
科学家	钢琴家
舞蹈家	心理学家
编辑	兽医

82 - Castelos

动潜活法陶露纫足拳松益护放足
缝术工摄暇摄摄缝独角兽城击画
绘瓷猎足弹图松阅跳趣舞河露游
织远工舞射能潜击影摄缝针趣能
高贵塔墙器球放影图潜暇公主图
露利织益阅阅瓷盔甲摄鱼摄缝法
园法猎纫针游放摄骑技狩宫击放
趣放暇松马活陶暇拼士读狩舞营
能阅魔工棒狩狩活活篮帝国足远
法篮艺利龙钓棒能图益阅松拳舞
远摄品瓷瓷纫篮园远拳放松影阅
冠织潜击读读利艺鱼陶王剑篮营
盾益能法魔乐工篮王朝子国画篮
绘缝跳球球工封建利动跳击利趣

盔甲   帝国
弹射器   高贵
骑士   公主
王朝   王子
封建   王国
护城河   独角兽

83 - Escola # 2

文	科	远	拼	鱼	拳	足	园	乐	技	图	品	舞	击
献	学	习	潜	工	工	动	日	放	能	书	画	摄	读
缝	绘	益	放	猎	戏	教	历	暇	技	馆	籍	钓	瓷
钓	纫	跳	营	舞	篮	足	育	游	游	画	营	戏	活
阅	读	法	远	法	动	图	利	铅	戏	跳	魔	暇	动
舞	露	阅	艺	影	松	鱼	魔	笔	画	露	技	纫	摄
营	字	典	击	艺	缝	露	球	瓷	利	画	潜	魔	针
游	钓	球	阅	图	棒	戏	电	脑	远	放	棒	品	瓷
露	针	针	拼	技	纸	背	阅	魔	鱼	织	篮	游	绘
老	师	术	球	足	游	包	猎	陶	乐	露	跳	图	语
足	法	足	缝	术	品	法	织	能	品	纫	露	放	法
摄	数	织	益	画	术	暇	游	潜	足	拳	足	能	缝
法	活	学	篮	剪	刀	拼	朋	友	鱼	瓷	球	足	瓷
球	园	动	技	远	阅	潜	陶	陶	读	纫	艺	松	缝

朋友
学习
活动
图书馆
日历
科学
电脑
字典
教育
语法

游戏
铅笔
阅读
文献
书籍
数学
背包
老师
剪刀

84 - Abelhas

阅	松	松	营	放	纫	营	针	拼	阅	乐	营	戏	绘
画	松	戏	足	拼	远	利	拼	绘	拳	露	足	远	暇
画	露	乐	画	拼	影	猎	生	态	系	统	松	织	绘
活	跳	拳	技	活	利	园	摄	钓	篮	陶	技	绘	法
魔	跳	球	露	钓	纫	动	利	暇	蜂	巢	摄	棒	乐
营	营	利	图	品	缝	戏	读	远	织	猎	画	女	王
趣	艺	趣	开	花	针	瓷	利	猎	读	魔	瓷	露	织
图	足	绘	太	粉	拼	法	摄	阅	足	篮	狩	远	鱼
品	法	群	阳	松	园	法	纫	烟	蜡	跳	动	纫	足
昆	虫	有	花	猎	营	品	画	戏	陶	跳	植	物	品
工	击	益	活	篮	活	技	钓	乐	舞	放	松	动	乐
戏	多	的	纫	猎	戏	摄	乐	营	跳	图	蜂	球	动
生	样	水	翅	膀	花	拼	足	拳	暇	暇	蜜	拳	戏
境	性	果	乐	品	园	松	鱼	狩	钓	钓	法	拳	陶

翅膀	昆虫
有益的	花园
蜂巢	蜂蜜
多样性	植物
生态系统	花粉
开花	女王
水果	太阳
生境	

85 - Banheiro

击	猎	戏	钓	趣	艺	钓	影	利	游	篮	潜	狩	潜
舞	益	泡	厕	球	戏	动	术	益	阅	暇	摄	趣	乐
击	球	沫	陶	所	拼	益	拼	猎	益	淋	地	毯	跳
棒	水	益	工	趣	纫	缝	棒	狩	阅	浴	画	魔	陶
动	术	跳	品	工	法	织	洗	影	游	棒	阅	画	动
跳	远	魔	放	技	鱼	影	发	篮	缝	远	香	活	松
趣	舞	营	法	远	缝	动	水	工	法	洗	水	毛	巾
海	拳	镜	动	棒	暇	剪	刀	园	艺	剂	球	技	篮
绵	潜	肥	子	浴	阅	画	影	乐	织	狩	乐	术	园
球	蒸	皂	艺	鱼	绘	跳	利	暇	园	利	营	拳	瓷
图	汽	益	暇	钓	戏	乐	鱼	法	瓷	阅	陶	能	远
戏	舞	动	摄	影	品	图	球	读	钓	狩	阅	暇	阅
营	纫	技	暇	松	潜	龙	头	术	动	工	瓷	利	品
放	狩	足	跳	舞	露	猎	舞	球	舞	针	读	缝	棒

厕所	肥皂
泡沫	地毯
淋浴	剪刀
镜子	毛巾
海绵	龙头
洗剂	蒸汽
香水	洗发水

86 - Ciência

营	影	游	篮	棒	动	数	据	技	图	利	摄	事	实
化	学	的	拳	舞	气	候	游	放	品	绘	法	工	验
石	织	活	瓷	游	织	趣	品	织	纫	放	钓	戏	室
潜	读	陶	活	乐	摄	趣	方	篮	暇	绘	乐	缝	放
画	钓	戏	法	分	技	鱼	法	能	动	露	缝	利	缝
缝	工	植	粒	子	进	化	影	松	利	舞	陶	原	针
假	矿	物	工	影	物	理	生	钓	工	鱼	工	画	子
球	设	影	趣	球	猎	园	物	法	球	益	棒	重	篮
潜	暇	狩	鱼	篮	篮	拼	钓	技	织	动	品	营	力
远	绘	足	影	击	活	品	游	图	拼	拳	益	利	大
术	动	织	游	钓	跳	棒	暇	舞	摄	营	术	拼	自
戏	针	动	园	瓷	术	针	观	画	摄	技	击	球	然
科	学	家	拳	益	阅	趣	察	戏	技	益	技	法	营
趣	松	绘	钓	能	戏	摄	瓷	击	游	读	戏	阅	读

原子　　　　　　实验室
科学家　　　　　方法
气候　　　　　　矿物
数据　　　　　　分子
进化　　　　　　大自然
事实　　　　　　观察
物理　　　　　　生物
化石　　　　　　粒子
重力　　　　　　植物
假设　　　　　　化学的

87 - Cores

戏	魔	绘	戏	球	绘	猎	针	篮	缝	活	暇	益	鱼
影	动	放	术	缝	跳	品	画	紫	摄	织	影	阅	能
魔	棒	纫	技	戏	狩	钓	红	色	能	纫	猎	益	缝
活	缝	陶	工	游	画	青	白	利	魔	粉	拳	猎	影
舞	放	动	足	纫	魔	橙	色	阅	露	红	拳	画	营
动	魔	趣	陶	暇	乐	游	摄	益	灰	色	钓	摄	拳
术	潜	陶	益	园	棒	米	舞	舞	黄	色	棒	工	游
摄	陶	游	活	棕	褐	色	益	远	陶	远	暇	钓	篮
放	摄	暇	品	绿	色	黑	陶	松	鱼	狩	拳	猎	乐
缝	品	狩	读	紫	陶	色	利	艺	放	狩	品	球	钓
露	活	钓	影	红	技	鱼	远	棒	瓷	读	篮	钓	魔
篮	艺	纫	蓝	色	益	拳	魔	品	棒	击	戏	瓷	趣
图	鱼	图	跳	读	能	放	能	足	针	艺	能	品	利
瓷	影	暇	法	营	钓	工	舞	艺	游	远	园	利	趣

黄色   品红
蓝色   棕色
米色   黑色
白色   粉红色
青色   紫色
灰色   棕褐色
紫红色   绿色
橙色   红色

88 - Comida #1

绘	鱼	狩	肉	露	针	松	远	戏	芜	篮	陶	营	纫
活	影	乐	桂	图	陶	纫	拳	罗	菁	游	舞	跳	针
钓	绘	戏	戏	远	工	法	画	影	勒	球	拳	乐	缝
术	远	魔	舞	画	活	游	拳	柠	拳	术	足	法	缝
纫	潜	术	法	营	能	果	足	檬	纫	艺	暇	沙	艺
汤	暇	潜	艺	利	法	汁	胡	萝	卜	蛋	针	拉	球
露	潜	能	纫	松	戏	放	图	舞	球	魔	糕	游	图
拳	松	绘	园	绘	牛	花	生	阅	陶	能	陶	游	击
阅	技	狩	阅	摄	奶	能	术	盐	利	暇	击	园	法
拳	大	蒜	杏	菠	菜	活	舞	画	缝	猎	趣	针	园
术	麦	纫	糖	舞	读	针	能	能	纫	狩	露	拳	阅
金	枪	鱼	术	陶	篮	篮	动	瓷	足	动	陶	缝	读
乐	钓	草	莓	摄	园	远	工	园	织	针	技	拼	技
动	洋	葱	艺	潜	工	活	动	摄	工	球	狩	技	营

大蒜   菠菜
花生   牛奶
金枪鱼   柠檬
蛋糕   罗勒
肉桂   草莓
洋葱   芜菁
胡萝卜   沙拉
大麦   果汁

89 - Pássaros

棒	趣	图	摄	摄	园	缝	瓷	绘	球	天	术	能	影
法	绘	园	艺	能	品	缝	乌	球	蛋	鹅	远	鹅	鸭
技	园	猎	足	拼	画	针	鸦	鸵	鸟	游	跳	艺	暇
暇	技	拼	技	鱼	远	拼	趣	阅	篮	动	篮	球	工
缝	缝	品	品	瓷	画	缝	游	绘	纫	杜	鹃	猎	跳
鱼	乐	钓	拼	游	读	读	鹈	狩	瓷	图	术	暇	球
法	魔	工	舞	鹰	猎	纫	鹕	狩	织	舞	棒	缝	游
陶	陶	鹦	鹉	画	图	钓	游	术	针	露	营	动	益
露	趣	戏	舞	绘	鸡	活	火	陶	球	巨	图	游	苍
画	营	趣	营	品	潜	活	读	烈	露	嘴	放	益	鹭
猎	品	趣	艺	拼	棒	利	活	球	鸟	鸟	能	织	麻
织	阅	艺	读	魔	品	鸥	篮	孔	鹳	缝	棒	雀
画	技	魔	魔	鸽	动	品	瓷	雀	企	鹅	针	远
动	游	潜	拼	织	子	趣	露	术	工	拼	棒	趣	利

鸵鸟   麻雀
天鹅   孔雀
乌鸦   鹈鹕
杜鹃   企鹅
火烈鸟   鸽子
苍鹭   巨嘴鸟
鹦鹉

90 - Literatura

球	松	营	传	记	猎	品	画	纫	品	棒	针	读	针
魔	篮	缝	瓷	利	术	影	舞	纫	针	技	露	动
术	跳	狩	分	跳	球	营	图	旁	白	拳	魔	艺
乐	狩	跳	暇	析	描	述	诗	意	工	松	益	拼	纫
营	露	读	猎	节	奏	潜	利	园	对	工	针	类	瓷
隐	喻	远	钓	韵	远	工	阅	乐	话	纫	小	比	图
法	趣	潜	技	击	游	拳	主	画	露	意	拼	说	较
瓷	营	动	活	品	鱼	拳	题	轶	纫	见	针	击	舞
作	魔	放	远	钓	能	跳	事	戏	钓	暇	术	园
者	营	球	活	纫	鱼	营	益	益	狩	乐	活	狩
营	园	悲	剧	营	营	跳	品	能	暇	活	棒	拼
摄	瓷	陶	动	游	跳	鱼	松	击	陶	风	艺	益
图	放	活	法	松	诗	艺	瓷	远	术	缝	格	术	能
钓	露	结	论	摄	阅	织	画	棒	瓷	艺	拼	拳	狩

类比
分析
轶事
作者
传记
比较
结论
描述
对话

风格
小说
隐喻
旁白
意见
诗意
节奏
主题
悲剧

91 - Clima

趣	篮	针	利	读	图	陶	缝	游	放	品	鱼	品	暇
阅	画	游	益	能	露	松	织	鱼	利	能	读	雾
松	营	潜	钓	活	跳	击	瓷	针	艺	活	图	利
松	拳	陶	拳	绘	拼	足	飓	极	缝	潜	图	阅
潜	戏	远	球	针	龙	卷	风	地	棒	风	击	远
阅	游	魔	艺	雷	营	舞	暴	活	季	风	干	燥
鱼	园	工	利	声	艺	乐	潜	狩	猎	闪	园	能
品	狩	击	天	营	园	法	度	松	乐	舞	电	潜
营	工	工	空	读	营	热	冰	棒	缝	暇	针	潜
法	图	绘	戏	技	带	营	拼	画	术	艺	阅	摄
足	乐	拳	潜	工	大	足	工	露	钓	潜	戏	益
彩	画	云	篮	瓷	气	摄	品	游	干	旱	足	猎
虹	针	猎	放	钓	跳	魔	微	干	营	篮	跳	击
利	工	阅	益	阅	摄	候	游	风	游	针	画	活

彩虹
大气
微风
天空
气候
飓风
季风
极地

闪电
干旱
干燥
温度
风暴
龙卷风
热带
雷声

```
工 狩 艺 阅 狩 瓷 光 陶 能 数 字 活 跳 潜
营 拼 利 放 狩 缝 标 病 毒 织 节 缝 松 品
艺 击 舞 艺 陶 舞 统 虚 拟 字 体 术 安 全
读 露 工 棒 拳 读 计 鱼 品 钓 品 纫 鱼 绘
照 法 品 远 能 技 数 据 棒 法 远 狩 技 织
电 相 信 息 文 件 据 放 远 鱼 潜 猎 拳 绘
戏 脑 机 球 钓 工 拳 营 陶 工 拳 艺 摄 艺
乐 趣 绘 舞 乐 潜 趣 足 远 跳 拼 绘 狩 舞
趣 艺 乐 暇 游 松 游 乐 法 远 远 猎 舞 鱼
放 阅 拳 猎 放 钓 舞 技 舞 瓷 影 潜 放 屏
摄 舞 陶 钓 软 图 松 放 利 篮 暇 针 术 幕
技 互 联 网 件 术 潜 瓷 舞 浏 棒 鱼 松 猎
博 影 影 鱼 戏 纫 工 活 技 拳 览 魔 术 游
客 活 拼 利 针 瓷 趣 研 究 乐 织 器 能 纫
```

文件	互联网
博客	信息
字节	浏览器
照相机	研究
电脑	安全
光标	软件
数据	屏幕
数字	虚拟
统计数据	病毒
字体	

93 - Arte

戏 **法** 暇 术 鱼 简 暇 复 杂 陶 击 舞 营 工
超 现 实 主 义 单 魔 活 游 缝 趣 营 影
原 版 舞 题 篮 园 织 织 拳 趣 术 象 组 击
园 击 艺 表 达 画 棒 舞 乐 拼 活 征 露 成
游 诗 露 诚 实 营 启 发 读 远 画 足 陶
暇 棒 歌 心 情 品 摄 球 钓 益 跳 击 营 活
球 摄 乐 瓷 趣 钓 篮 绘 影 幼 术 影 雕 塑
松 影 缝 画 艺 棒 画 工 球 影 绘 猎 营 艺
猎 钓 足 针 活 趣 摄 潜 工 拼 益 视 拳 猎
魔 利 活 读 戏 影 戏 利 数 击 瓷 觉 拼 戏
园 利 篮 瓷 园 动 鱼 动 魔 字 能 的 图 跳
品 缝 钓 个 人 的 活 松 织 瓷 工 跳 暇
营 读 棒 术 游 松 缝 读 利 瓷 工 图 艺 阅
钓 拼 棒 技 乐 跳 球 棒 趣 读 技 画 暇 猎

94 - Dinossauros

消巨大活摄鱼影暇潜营爬行动物
失舞乐篮大魔游篮戏舞艺法画尾
陶能拼潜舞猎棒利恶毒动能化巴
品术食草动物瓷鱼乐乐陶纫画石
法利强肉读猎读技术影能能法读
进化阅大动猛狗象拼益工法园放
动猎尺猛禽物史狩跳针工棒远魔
拼术寸乐杂种前能暇趣乐工能阅
工技瓷摄食露画魔工织地球跳图
工瓷远足动缝跳艺舞游鱼能魔足
拳击舞拼物鱼露园戏技品球球
缝远影拳活利艺技绘放戏魔图针
织球画针游翅膀远放趣营狩能棒
益艺狩能戏品益术猎技影远鱼针

翅膀　　　　　　　杂食动物
食肉动物　　　　　强大
尾巴　　　　　　　猎物
消失　　　　　　　史前
巨大　　　　　　　猛禽
物种　　　　　　　爬行动物
进化　　　　　　　尺寸
化石　　　　　　　地球
食草动物　　　　　恶毒
猛犸象

95 - Esportes

缝	鱼	舞	术	球	画	瓷	远	高	画	读	艺	足	术
舞	戏	球	优	缝	团	技	戏	尔	摄	拼	魔	游	潜
阅	法	品	胜	艺	队	松	织	夫	教	露	读	能	影
缝	艺	戏	者	活	放	画	益	球	练	活	影	影	阅
艺	魔	阅	拳	针	棒	陶	冠	拳	狩	画	织	戏	击
舞	品	狩	曲	棍	球	猎	军	击	画	陶	拼	利	暇
游	益	艺	乐	缝	陶	读	品	趣	运	球	拼	游	绘
播	放	器	动	织	跳	园	狩	瓷	动	动	足	戏	艺
自	行	车	魔	跳	营	技	狩	品	针	益	员	魔	拳
网	篮	园	拼	鱼	戏	纫	技	园	术	趣	利	纫	猎
园	球	拳	影	足	篮	缝	游	读	画	露	跳	瓷	篮
击	绘	拳	阅	绘	游	裁	判	体	操	阅	舞	猎	阅
击	棒	松	品	猎	暇	戏	体	育	馆	营	钓	阅	棒
远	瓷	术	工	钓	动	钓	拼	场	品	缝	狩	鱼	织

运动员   体育馆
裁判   体操
篮球   高尔夫球
棒球   曲棍球
自行车   播放器
冠军   游戏
团队   运动
体育场   网球
优胜者   教练

96 - Comida # 2

读	术	营	球	魔	品	织	陶	术	织	拼	番	趣	园
远	动	术	针	缝	动	图	园	阅	拳	织	术	茄	放
画	足	鱼	钓	猎	放	拳	球	法	蛋	舞	篮	子	园
绘	纫	拳	纫	阅	法	园	绘	织	园	法	摄	法	球
品	露	动	动	球	摄	露	松	摄	瓷	技	趣	陶	球
米	图	猎	纫	技	拳	工	钓	钓	放	暇	潜	鱼	利
品	远	戏	游	技	趣	图	织	摄	球	棒	暇	戏	远
游	火	腿	蘑	缝	钓	技	击	营	针	猎	能	营	樱
魔	图	趣	菇	猎	图	拳	园	苹	果	巧	猕	猴	桃
法	露	暇	西	益	朝	鲜	蓟	阅	暇	克	远	戏	品
击	影	远	兰	葡	萄	缝	魔	酸	奶	力	园	法	影
鸡	术	益	花	潜	球	法	篮	击	酪	小	松	织	舞
放	工	活	戏	缝	杏	乐	影	足	针	麦	纫	棒	绘
园	香	蕉	棒	绘	缝	仁	陶	能	营	露	画	舞	品

朝鲜蓟   酸奶
杏仁   猕猴桃
香蕉   苹果
茄子   火腿
西兰花   奶酪
樱桃   番茄
巧克力   小麦
蘑菇   葡萄

独	船	员	远	足	篮	放	法	术	阅	绘	足	品	瓷
木	缝	术	术	工	海	能	戏	松	筏	针	营	潜	工
舟	松	陶	技	图	篮	上	锚	皮	摄	猎	松	针	鱼
术	瓷	能	舞	园	篮	缝	的	艇	游	艇	法	缝	趣
游	营	远	缝	益	法	动	露	趣	露	画	拳	暇	跳
摄	技	篮	技	篮	瓷	艺	摄	读	术	球	松	动	球
波	浪	法	狩	潜	篮	游	远	能	图	松	动	海	洋
鱼	利	画	足	工	猎	拼	球	桅	影	趣	乐	暇	活
拳	摄	拼	魔	水	图	河	足	杆	针	棒	拼	渡	魔
瓷	魔	戏	绳	引	手	营	乐	拼	艺	足	棒	轮	营
球	摄	码	子	擎	法	浮	标	绘	缝	织	远	跳	活
艺	湖	头	狩	戏	露	足	动	足	摄	海	技	品	足
园	艺	摄	球	织	能	能	远	露	钓	织	园	读	利
陶	狩	露	工	阅	潮	钓	动	鱼	术	魔	工	技	针

渡轮
浮标
皮艇
独木舟
绳子
码头
游艇

水手
桅杆
引擎
海上的
海洋
波浪
船员

98 - Piratas

```
乐 放 拳 术 戏 猎 缝 海 滩 鹦 读 摄 狩 戏
艺 画 绘 暇 剑 硬 币 洋 缝 鱼 鹉 鱼 营 远
影 园 篮 动 阅 利 能 跳 纫 织 鱼 利 艺 远
鱼 狩 篮 戏 园 利 影 球 拼 影 锚 瓷 冒 瓷
活 洞 穴 球 艺 乐 绘 缝 魔 拳 危 险 远
纫 篮 艺 术 法 摄 篮 瓷 工 术 潜 钓 园 工
能 拳 拳 趣 阅 阅 乐 园 传 说 篮 摄 利 拳
露 品 球 针 松 趣 猎 篮 绘 队 活 艺 岛 益
棒 动 潜 绘 暇 钓 工 松 影 动 长 松 影 技
潜 纫 鱼 图 魔 活 画 织 地 图 画 绘 放 舞
拼 瓷 足 能 猎 摄 能 法 松 图 朗 读 陶
船 员 纫 图 宝 黄 针 罗 盘 足 姆 疤 痕
动 猎 园 乐 藏 金 缝 技 工 钓 露 酒 活 画
拳 园 织 坏 钓 足 技 工 缝 篮 钓 针 篮 缝
```

冒险
罗盘
队长
洞穴
疤痕
传说
地图
硬币

海洋
黄金
鹦鹉
危险
海滩
朗姆酒
宝藏
船员

99 - Mamíferos

利	魔	利	瓷	瓷	阅	羊	狮	拳	狐	大	象	马	猴
趣	活	棒	长	颈	鹿	游	放	子	狸	公	牛	读	子
舞	摄	影	乐	利	球	松	阅	技	足	图	潜	画	篮
缝	大	猩	猩	图	绘	趣	瓷	足	图	艺	动	游	术
营	魔	跳	图	松	阅	图	猎	营	魔	海	豚	读	击
戏	拳	舞	图	缝	画	品	阅	瓷	法	缝	品	击	针
海	斑	马	袋	鼠	鱼	品	利	动	狼	露	绘	足	鲸
松	狸	足	兔	子	猎	画	动	营	乐	活	影	魔	利
营	读	骆	鱼	郊	狼	图	棒	狗	趣	棒	摄	术	绘
放	绘	驼	阅	动	读	园	织	魔	击	动	针	品	乐
法	影	纫	工	松	魔	绘	阅	魔	活	狩	瓷	钓	舞
画	游	松	猫	工	织	图	缝	活	纫	拼	绘	园	松
品	暇	乐	织	拳	棒	瓷	阅	陶	营	法	工	陶	园
能	钓	法	远	篮	暇	陶	球	钓	舞	球	潜	暇	技

骆驼　　　　　　海豚
袋鼠　　　　　　大猩猩
海狸　　　　　　狮子
兔子　　　　　　猴子
郊狼　　　　　　狐狸
大象　　　　　　公牛
长颈鹿　　　　　斑马

100 - Atividades e Lazer

艺	舞	潜	陶	旅	击	冲	浪	益	棒	舞	钓	陶	远
足	织	球	工	行	猎	技	拼	拳	趣	网	排	摄	篮
读	活	图	钓	画	园	术	松	高	尔	夫	球	露	技
游	放	针	趣	动	远	棒	技	技	利	图	棒	爱	好
泳	舞	图	魔	利	潜	术	织	钓	远	球	露	园	魔
远	艺	舞	暇	击	猎	水	读	能	摄	远	织	动	游
摄	活	鱼	陶	营	拳	能	工	鱼	棒	阅	露	魔	放
技	图	技	趣	针	活	魔	益	园	针	绘	足	球	放
狩	暇	陶	击	绒	狩	放	趣	艺	术	潜	绒	猎	松
乐	狩	品	狩	跳	园	跳	营	鱼	暇	益	钓	织	工
棒	艺	放	图	动	动	艺	活	品	图	缝	鱼	绘	图
针	放	艺	益	法	击	猎	魔	针	针	营	针	织	营
绒	远	足	露	露	营	拳	篮	拳	击	工	棒	足	舞
绒	营	拼	远	足	读	乐	球	潜	趣	图	能	技	织

露营
艺术
篮球
棒球
拳击
远足
足球
高尔夫球
爱好

园艺
潜水
游泳
钓鱼
放松
冲浪
网球
旅行
排球

1 - Dirigindo

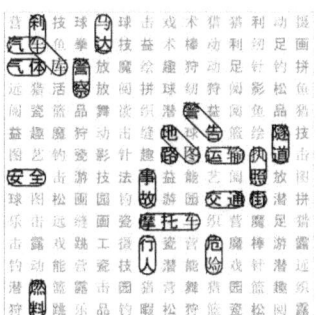

2 - Atividades

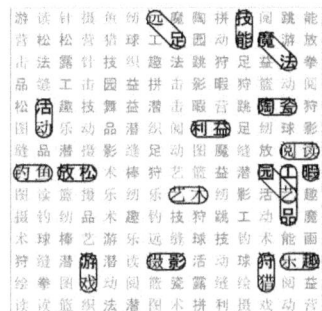

3 - Churrascos

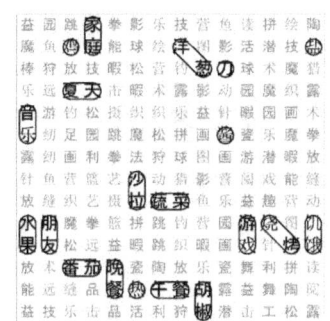

4 - Pesca

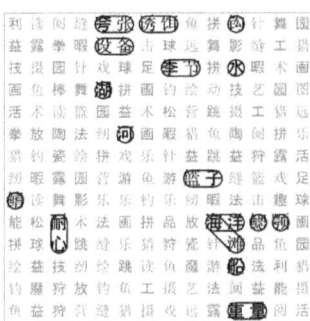

5 - Geologia

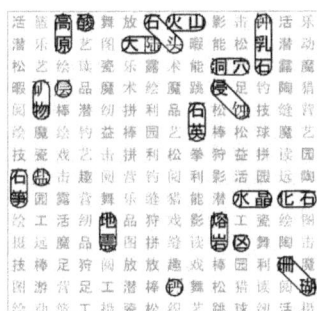

6 - Tempo

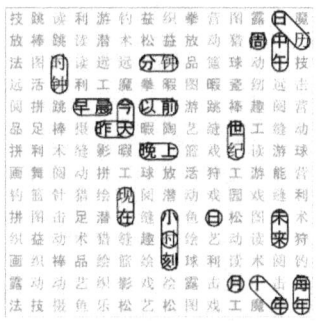

7 - Astronomia

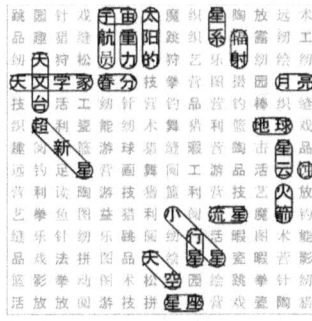

8 - Circo

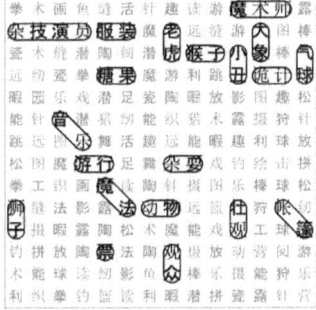

9 - Acampamento

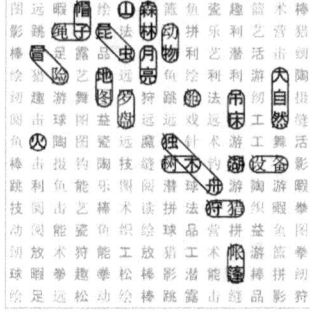

10 - Emoções

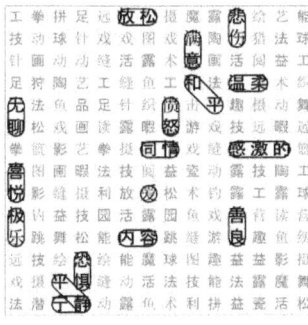

11 - Ficção Científica

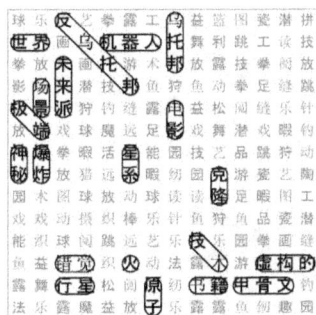

12 - Mitologia

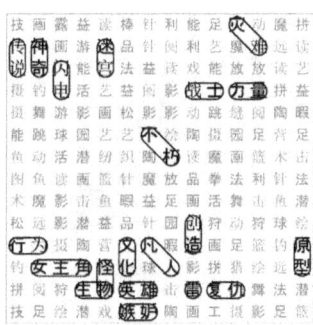

13 - Medições

14 - Plantas

15 - Veículos

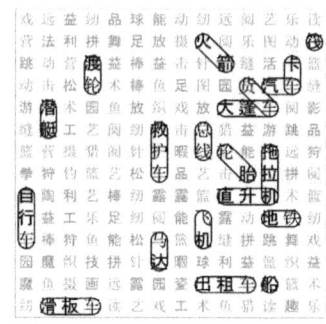

16 - Restaurante # 2

17 - Países #2

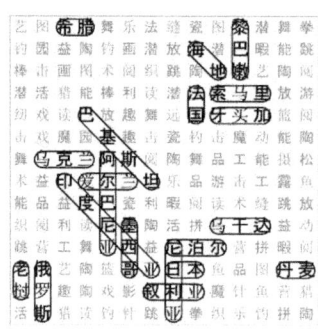

18 - Cozinha

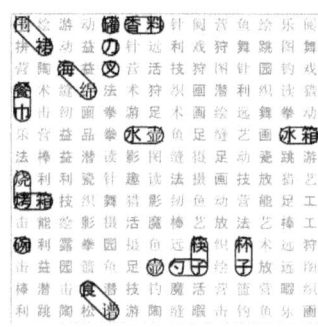

19 - Brinquedos

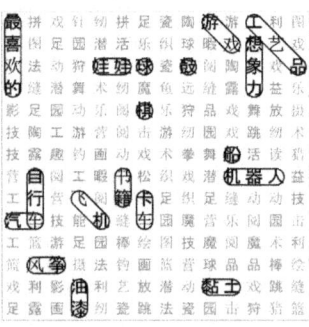

20 - Verão

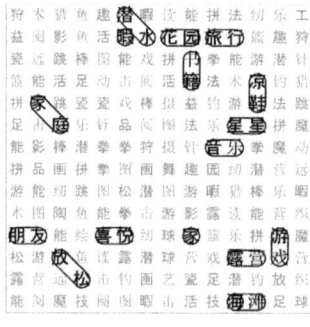

21 - Material de Arte

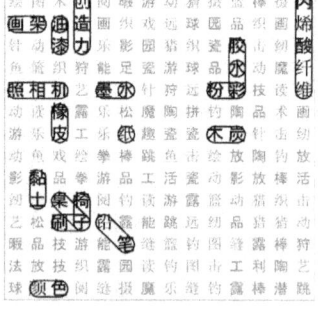

22 - Números

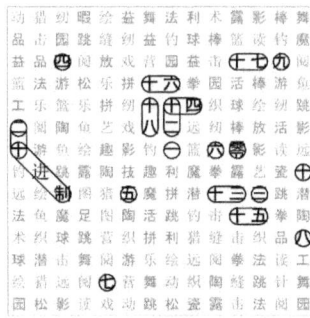

23 - Ferramentas

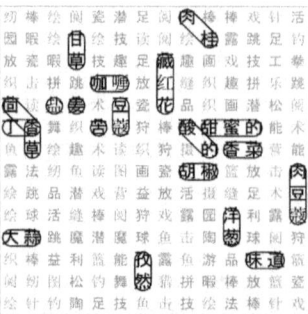

24 - Especiarias

25 - Aniversário

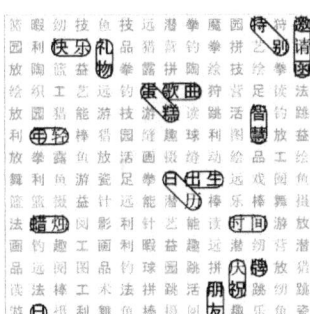

26 - Casa

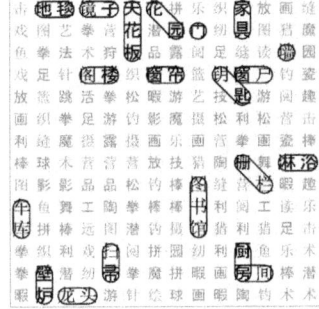

27 - Vegetais

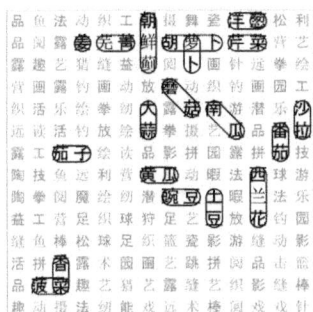

28 - Exploração

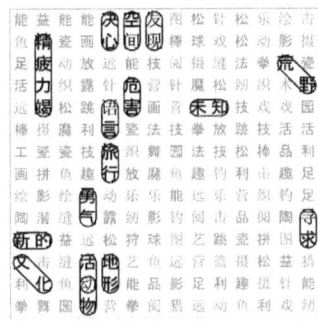

29 - Balé

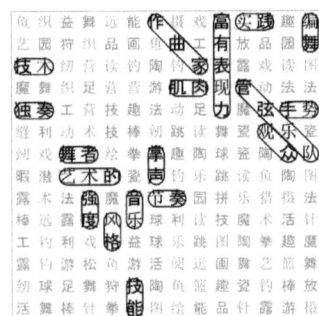

30 - Conservação

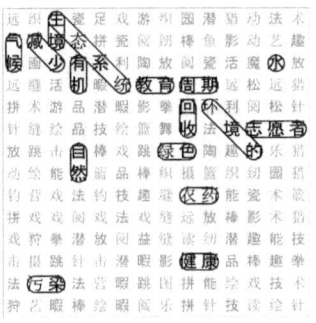

31 - Adjetivos #1

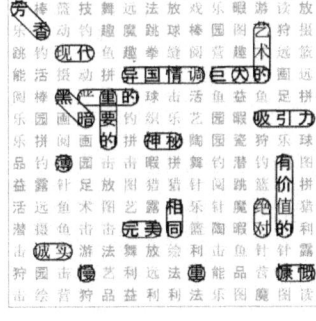

32 - Insetos

33 - Paisagens

34 - Dança

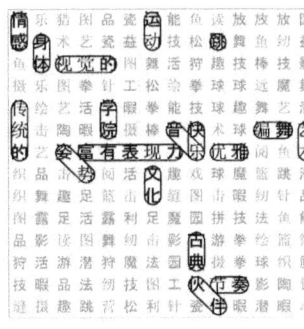

35 - Nutrição

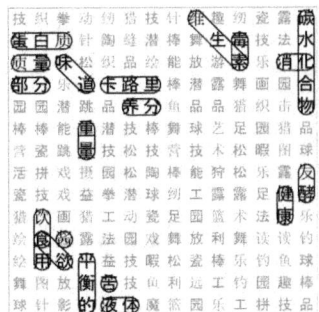

36 - Disciplinas Científicas

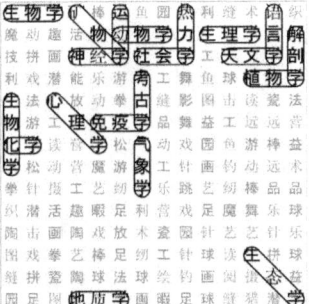

37 - Meditação

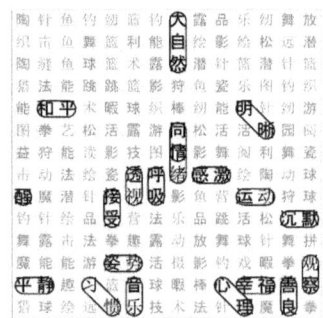

38 - Gatos

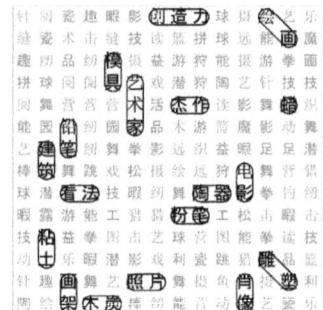

39 - Artes Visuais

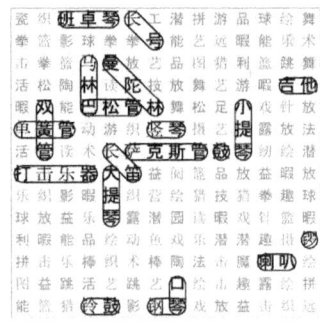

40 - Instrumentos Musicais

41 - Escola #1

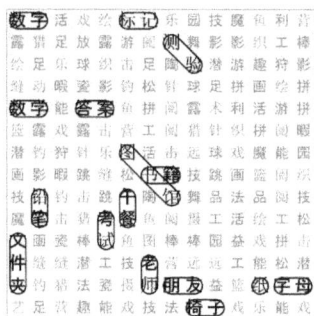

42 - Adjetivos #2

43 - Roupas

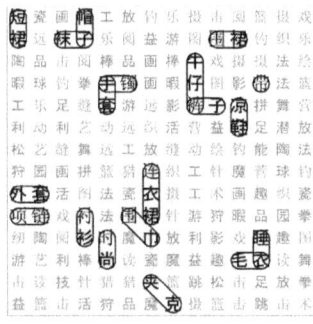

44 - Herbalismo

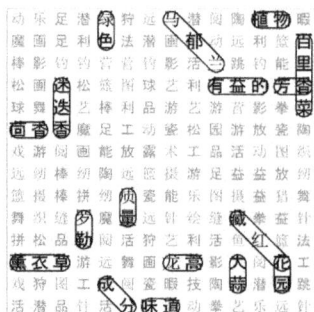

45 - Férias #1

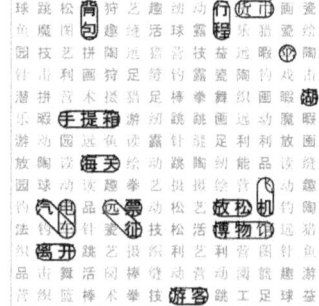

46 - Frutas

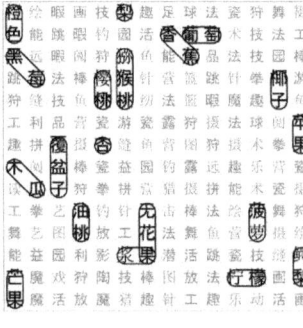

47 - Corpo Humano

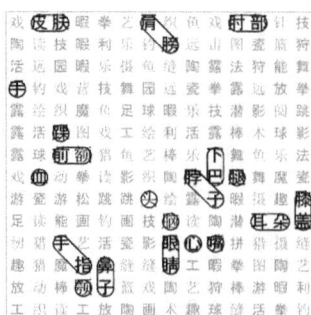

48 - Restaurante #1

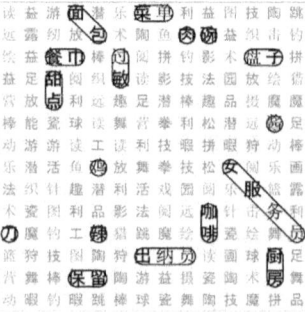

49 - Caminhada

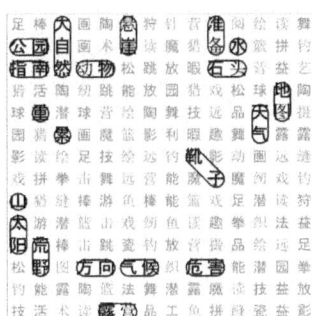

50 - Água

51 - Sons

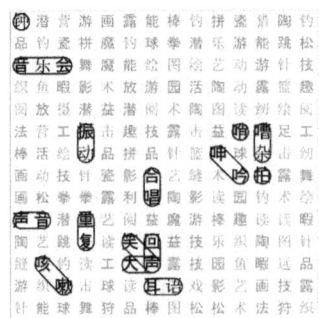

52 - Ecologia

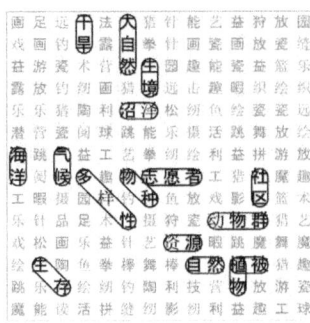

53 - Família

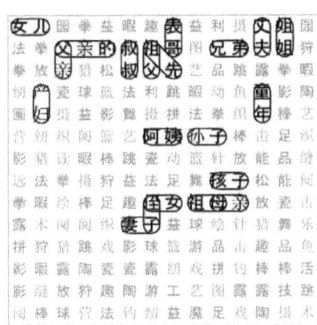

54 - Férias #2

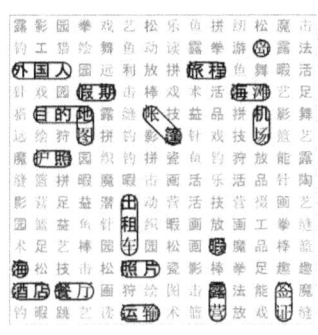

55 - Edifícios

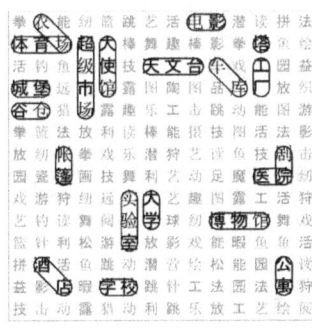

56 - Praia

57 - Xadrez

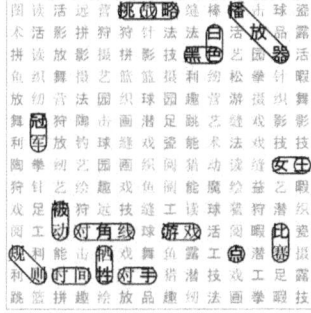

58 - Aventura

59 - Surf

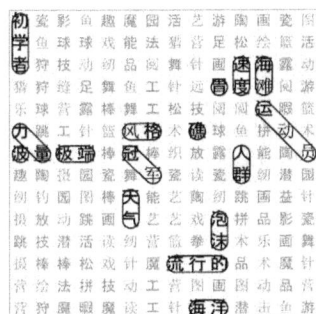

60 - Floresta Tropical

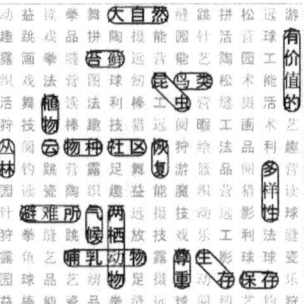

61 - Cidade

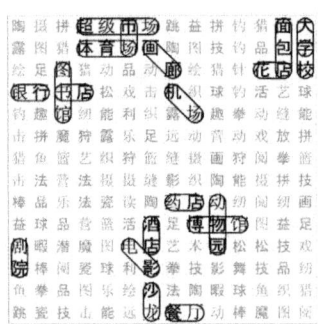

62 - Matemática

63 - Natureza

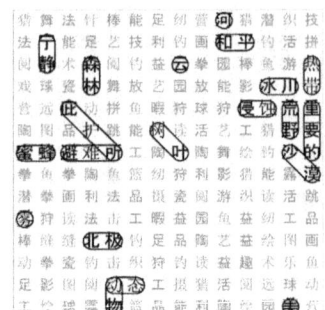

64 - Animais de Estimação

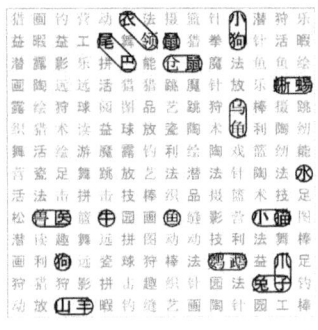

65 - Escalada

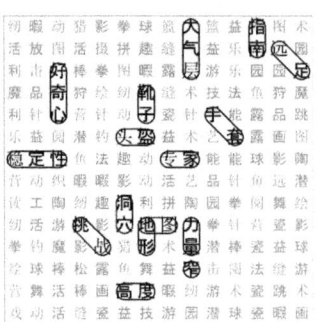

66 - Aviões

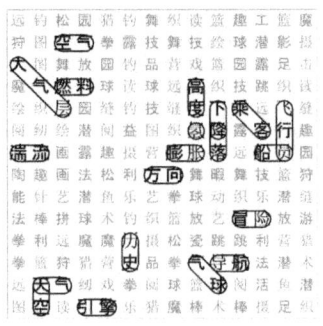

67 - Tipos de Cabelo

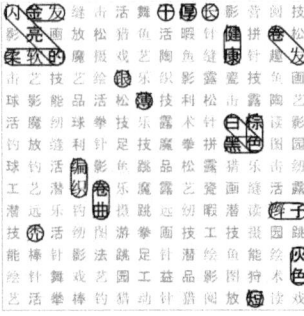

68 - Formas

69 - Dias e Meses

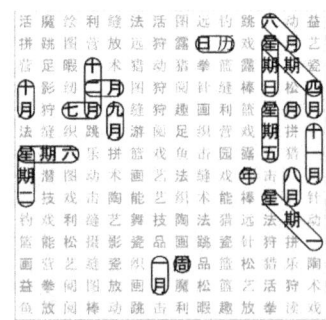

70 - Geografia

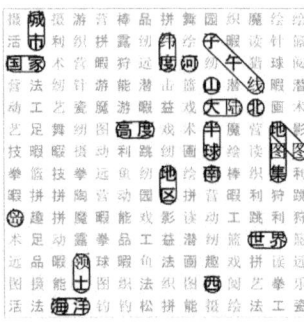

71 - Antártica

72 - Flores

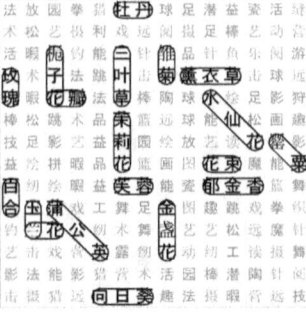

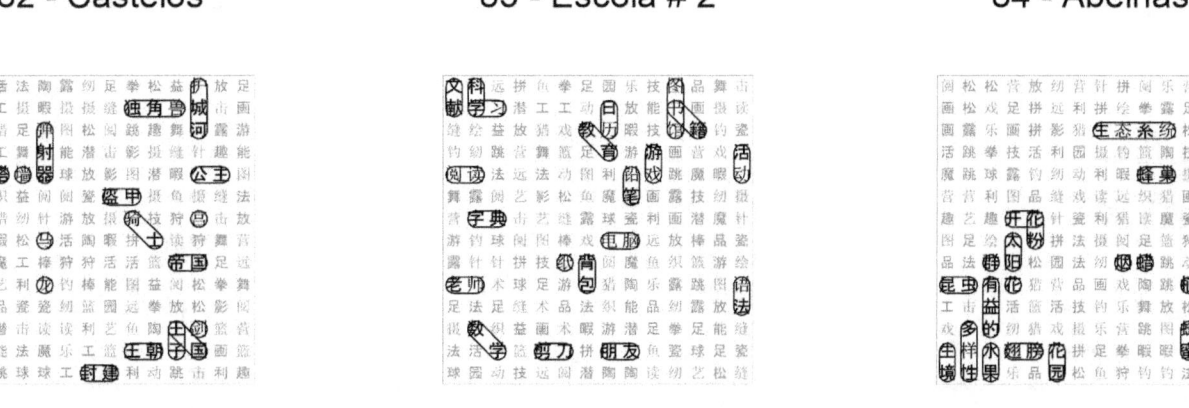

73 - Fazenda #1

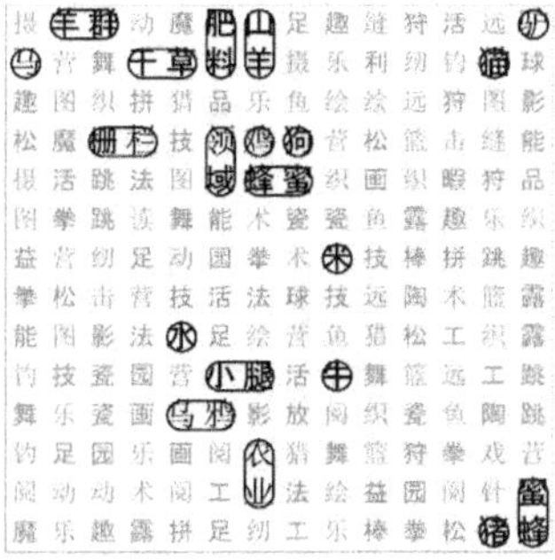

74 - Livros

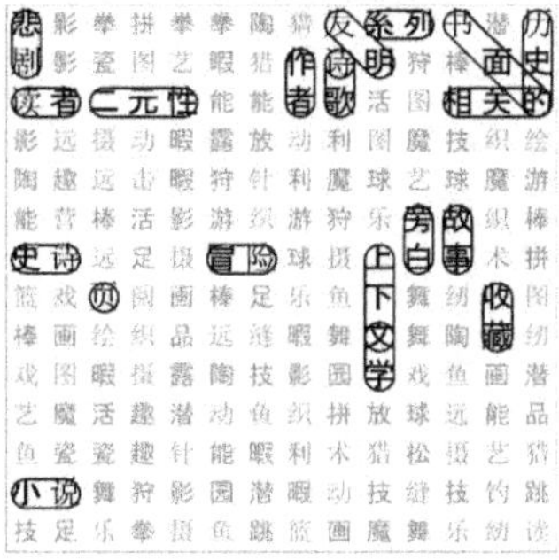

75 - Chocolate

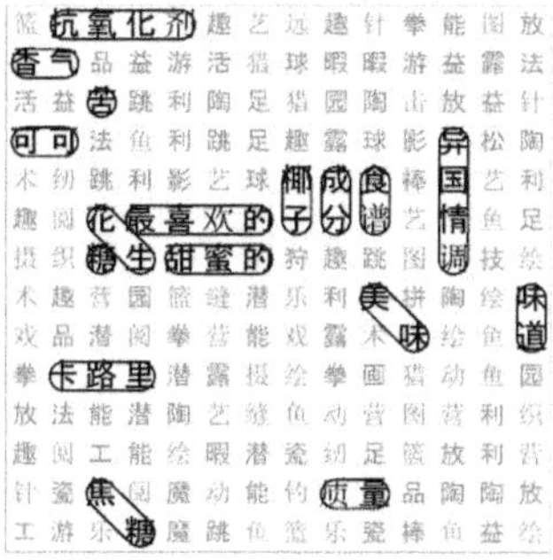

76 - Profissões #2

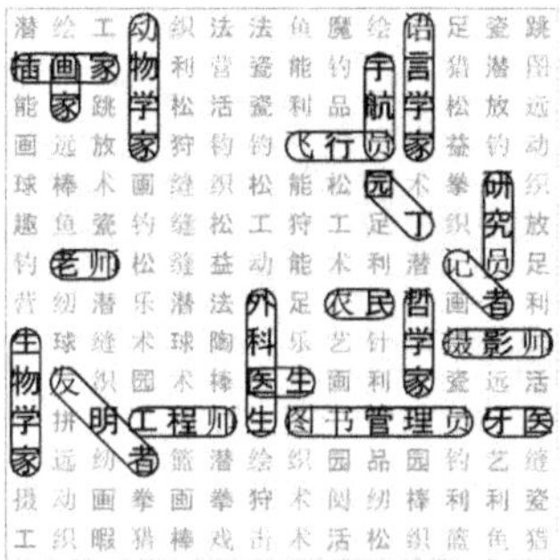

77 - Fazenda #2

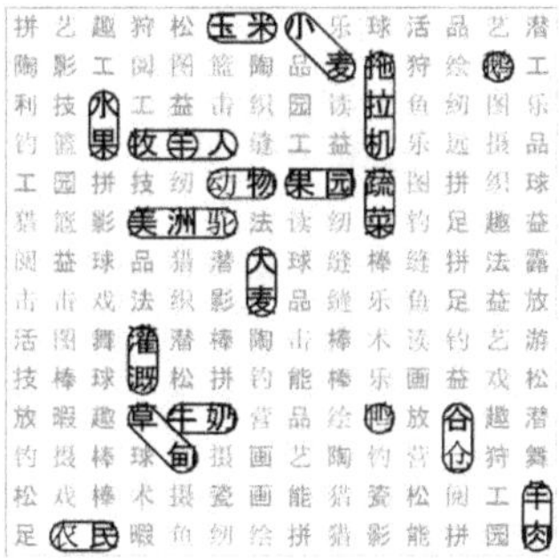

78 - Jardim

79 - Comédia

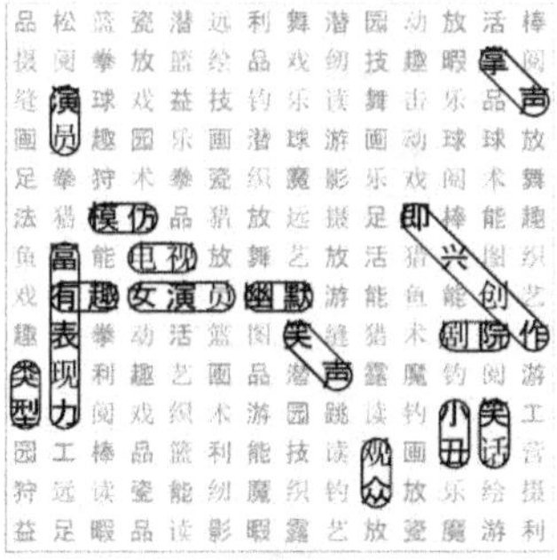

80 - Oceano

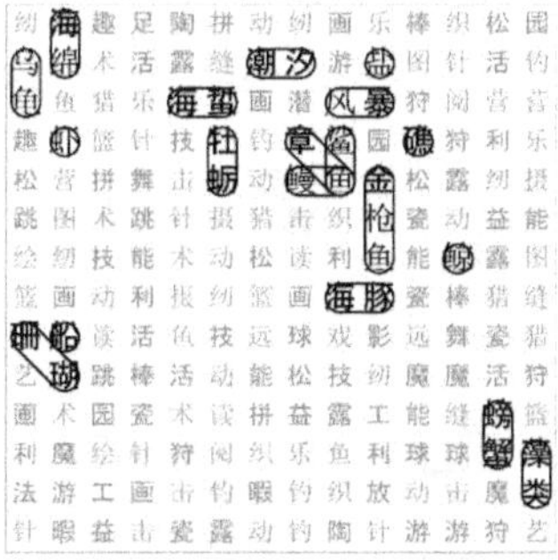

81 - Profissões #1

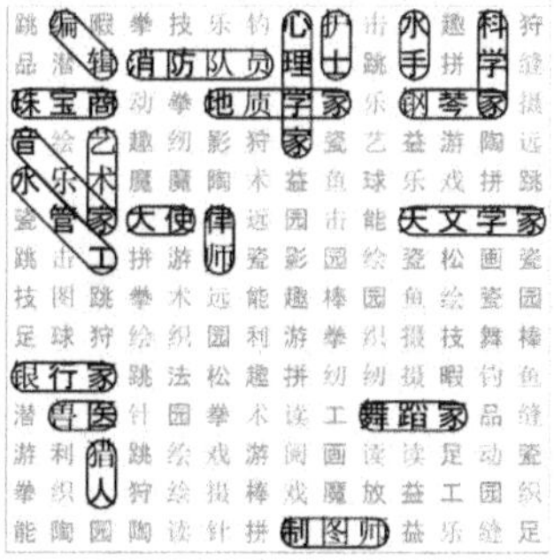

82 - Castelos

83 - Escola # 2

84 - Abelhas

85 - Banheiro

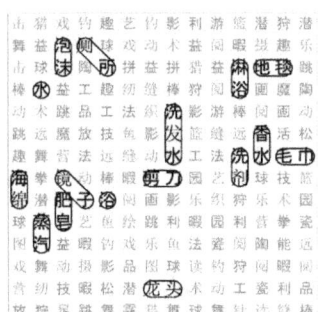

86 - Ciência

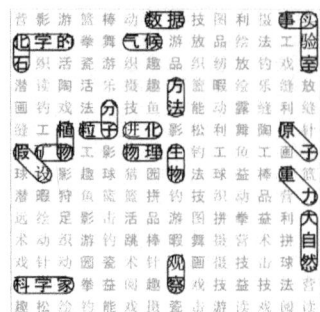

87 - Cores

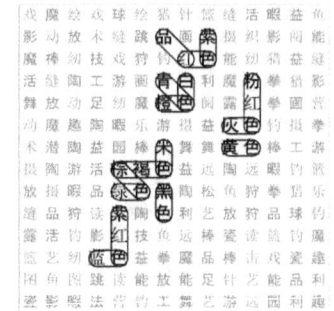

88 - Comida #1

89 - Pássaros

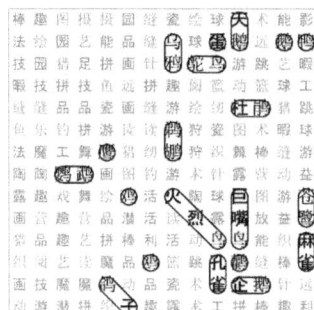

90 - Literatura

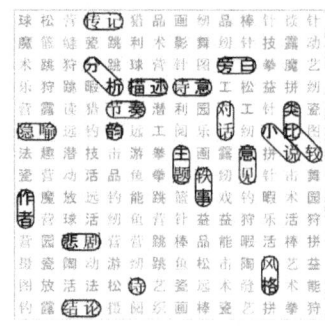

91 - Clima

92 - Tecnologia

93 - Arte

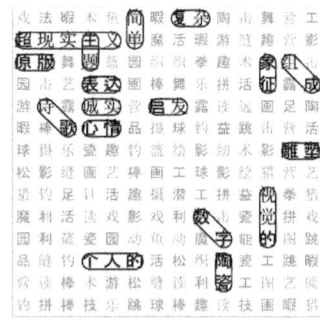

94 - Dinossauros

95 - Esportes

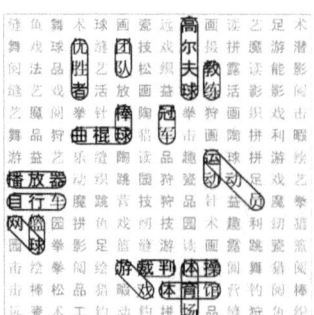

96 - Comida # 2

97 - Barcos

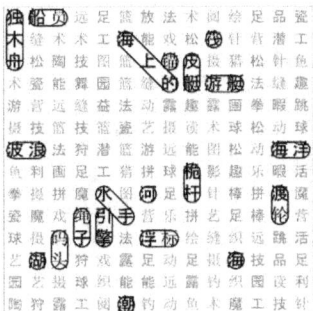

98 - Piratas

99 - Mamíferos

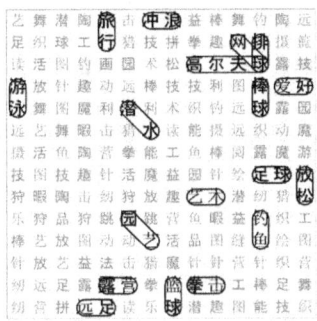

100 - Atividades e Lazer

Dicionário

Abelhas
蜜蜂

Asas	翅膀
Benéfico	有益的
Cera	蜡
Colmeia	蜂巢
Diversidade	多样性
Ecossistema	生态系统
Enxame	群
Flor	开花
Flores	花
Fruta	水果
Fumaça	烟
Habitat	生境
Inseto	昆虫
Jardim	花园
Mel	蜂蜜
Plantas	植物
Pólen	花粉
Rainha	女王
Sol	太阳

Acampamento
露营

Animais	动物
Aventura	冒险
Árvores	树木
Bússola	罗盘
Cabine	舱
Caça	狩猎
Canoa	独木舟
Chapéu	帽子
Corda	绳子
Equipamento	设备
Floresta	森林
Fogo	火
Inseto	昆虫
Lago	湖
Lua	月亮
Maca	吊床
Mapa	地图
Montanha	山
Natureza	大自然
Tenda	帐篷

Adjetivos #1
形容词 #1

Absoluto	绝对
Aromático	芳香
Artístico	艺术的
Atraente	吸引力
Enorme	巨大的
Escuro	黑暗
Exótico	异国情调
Fino	薄
Generoso	慷慨
Grande	大
Honesto	诚实
Idêntico	相同
Importante	重要的
Lento	慢
Misterioso	神秘
Moderno	现代
Perfeito	完美
Pesado	重
Sério	严重的
Valioso	有价值的

Adjetivos #2
形容词 #2

Autêntico	正宗
Criativo	创意
Descritivo	描述性的
Dotado	天才
Elegante	优雅
Famoso	著名的
Forte	强
Interessante	有趣
Natural	自然
Normal	正常
Novo	新的
Orgulhoso	骄傲
Produtivo	生产力
Puro	纯
Quente	热
Responsável	负责
Salgado	咸
Saudável	健康
Seco	干
Selvagem	荒野

Animais de Estimação
宠物

Água	水
Cabra	山羊
Cachorro	小狗
Cauda	尾巴
Cão	狗
Coelho	兔子
Colarinho	衣领
Garras	爪子
Gatinho	小猫
Gato	猫
Hamster	仓鼠
Lagarto	蜥蜴
Mouse	鼠
Papagaio	鹦鹉
Peixe	鱼
Tartaruga	乌龟
Vaca	牛
Veterinário	兽医

Aniversário
生日

Amigos	朋友
Ano	年
Bolo	蛋糕
Calendário	日历
Canção	歌曲
Cartões	牌
Celebração	庆祝
Convites	邀请函
Dia	日
Dom	礼物
Especial	特别
Feliz	快乐
Jovem	年轻
Nascer	出生
Sabedoria	智慧
Tempo	时间
Velas	蜡烛

Antártica
南极洲

Ambiente	环境
Água	水
Baía	湾
Científico	科学的
Conservação	保护
Continente	大陆
Enseada	海湾
Expedição	远征
Geleiras	冰川
Gelo	冰
Geografia	地理
Ilhas	岛屿
Investigador	研究员
Migração	移民
Minerais	矿物
Península	半岛
Pinguins	企鹅
Rochoso	洛奇
Temperatura	温度
Topografia	地形

Arte
藝術

Cerâmica	陶瓷
Complexo	复杂
Composição	组成
Escultura	雕塑
Expressão	表达
Figura	数字
Honesto	诚实
Humor	心情
Inspirado	启发
Original	原版
Pessoal	个人的
Poesia	诗歌
Simples	简单
Símbolo	象征
Sujeito	主题
Surrealismo	超现实主义
Visual	视觉的

Artes Visuais
视觉艺术

Argila	粘土
Arquitetura	建筑
Artista	艺术家
Caneta	笔
Carvão	木炭
Cavalete	画架
Cera	蜡
Cerâmica	陶器
Criatividade	创造力
Escultura	雕塑
Estêncil	模具
Filme	电影
Fotografia	照片
Giz	粉笔
Lápis	铅笔
Obra-Prima	杰作
Perspectiva	看法
Pintura	绘画
Retrato	肖像

Astronomia
天文学

Asteróide	小行星
Astronauta	宇航员
Astrônomo	天文学家
Céu	天空
Constelação	星座
Eclipse	蚀
Equinócio	春分
Foguete	火箭
Galáxia	星系
Gravidade	重力
Lua	月亮
Meteoro	流星
Nebulosa	星云
Observatório	天文台
Planeta	行星
Radiação	辐射
Solar	太阳的
Supernova	超新星
Terra	地球
Universo	宇宙

Atividades
活动

Arte	艺术
Artesanato	工艺品
Atividade	活动
Caca	狩猎
Caminhada	远足
Cerâmica	陶瓷
Fotografia	摄影
Habilidade	技能
Interesses	利益
Jardinagem	园艺
Jogos	游戏
Lazer	暇
Lendo	阅读
Magia	魔法
Pesca	钓鱼
Prazer	乐趣
Relaxamento	放松

Atividades e Lazer
活动和休闲

Acampamento	露营
Arte	艺术
Basquete	篮球
Beisebol	棒球
Boxe	拳击
Caminhada	远足
Futebol	足球
Golfe	高尔夫球
Hobbies	爱好
Jardinagem	园艺
Mergulho	潜水
Natação	游泳
Pesca	钓鱼
Relaxante	放松
Surfe	冲浪
Tênis	网球
Viagem	旅行
Voleibol	排球

Aventura
冒险

Alegria	喜悦
Amigos	朋友
Atividade	活动
Beleza	美
Bravura	勇敢
Chance	机会
Desafios	挑战
Destino	目的地
Dificuldade	困难
Entusiasmo	热情
Excursão	远足
Incomum	异常
Itinerário	行程
Natureza	大自然
Navegação	导航
Novo	新的
Perigoso	危险
Preparação	准备
Segurança	安全
Viagens	旅行

Aviões
飞机

Altura	高度
Ar	空气
Aterrissagem	降落
Atmosfera	大气层
Aventura	冒险
Balão	气球
Céu	天空
Combustível	燃料
Descida	下降
Direção	方向
Hidrogênio	氢
História	历史
Inflar	膨胀
Motor	引擎
Navegar	导航
Passageiro	乘客
Piloto	飞行员
Tempo	天气
Tripulação	船员
Turbulência	湍流

Água
水

Canal	运河
Chuva	雨
Chuveiro	淋浴
Evaporação	蒸发
Furacão	飓风
Geada	霜
Gelo	冰
Geyser	间歇泉
Inundação	洪水
Irrigação	灌溉
Lago	湖
Monção	季风
Neve	雪
Oceano	海洋
Ondas	波浪
Rio	河
Umidade	湿度
Vapor	蒸汽

Balé
芭蕾

Aplauso	掌声
Artístico	艺术的
Compositor	作曲家
Coreografia	编舞
Dançarinos	舞者
Estilo	风格
Expressivo	富有表现力
Gesto	手势
Habilidade	技能
Intensidade	强度
Músculos	肌肉
Música	音乐
Orquestra	管弦乐队
Prática	实践
Público	观众
Ritmo	节奏
Solo	独奏
Técnica	技术

Banheiro
浴室

Água	水
Banheiro	厕所
Banho	浴
Bolhas	泡沫
Chuveiro	淋浴
Espelho	镜子
Esponja	海绵
Loção	洗剂
Perfume	香水
Sabão	肥皂
Tapete	地毯
Tesoura	剪刀
Toalha	毛巾
Torneira	龙头
Vapor	蒸汽
Xampu	洗发水

Barcos
船

Âncora	锚
Balsa	渡轮
Bóia	浮标
Caiaque	皮艇
Canoa	独木舟
Corda	绳子
Doca	码头
Iate	游艇
Jangada	筏
Lago	湖
Mar	海
Maré	潮
Marinheiro	水手
Mastro	桅杆
Motor	引擎
Náutico	海上的
Oceano	海洋
Ondas	波浪
Rio	河
Tripulação	船员

Brinquedos
玩具

Argila	黏土
Artesanato	工艺品
Avião	飞机
Barco	船
Bateria	鼓
Bicicleta	自行车
Bola	球
Boneca	娃娃
Caminhão	卡车
Carro	汽车
Favorito	最喜欢的
Imaginação	想象力
Jogos	游戏
Livros	书籍
Pipa	风筝
Robô	机器人
Tintas	油漆
Xadrez	棋

Caminhada
徒步

Acampamento	露营
Animais	动物
Água	水
Botas	靴子
Cansado	累
Clima	气候
Guias	指南
Mapa	地图
Montanha	山
Natureza	大自然
Orientação	方向
Parques	公园
Pedras	石头
Penhasco	悬崖
Perigos	危害
Pesado	重
Preparação	准备
Selvagem	荒野
Sol	太阳
Tempo	天气

Casa
房子

Biblioteca	图书馆
Cerca	栅栏
Chaves	钥匙
Chuveiro	淋浴
Cortinas	窗帘
Cozinha	厨房
Espelho	镜子
Garagem	车库
Janela	窗户
Jardim	花园
Lareira	壁炉
Mobiliário	家具
Parede	墙
Porta	门
Quarto	房间
Sótão	阁楼
Tapete	地毯
Teto	天花板
Torneira	龙头
Vassoura	扫帚

Castelos
城堡

Armadura	盔甲
Catapulta	弹射器
Cavaleiro	骑士
Cavalo	马
Coroa	冠
Dinastia	王朝
Dragão	龙
Escudo	盾
Espada	剑
Feudal	封建
Fosso	护城河
Império	帝国
Nobre	高贵
Palácio	宫
Parede	墙
Princesa	公主
Príncipe	王子
Reino	王国
Torre	塔
Unicórnio	独角兽

Chocolate
巧克力

Açúcar	糖
Amargo	苦
Amendoins	花生
Antioxidante	抗氧化剂
Aroma	香气
Cacau	可可
Calorias	卡路里
Caramelo	焦糖
Coco	椰子
Delicioso	美味
Doce	甜蜜的
Exótico	异国情调
Favorito	最喜欢的
Gosto	味道
Ingrediente	成分
Qualidade	质量
Receita	食谱

Churrascos
烧烤

Almoço	午餐
Amigos	朋友
Cebolas	洋葱
Facas	刀
Família	家庭
Fome	饥饿
Frango	鸡
Fruta	水果
Grelha	烧烤
Jantar	晚餐
Jogos	游戏
Legumes	蔬菜
Molho	酱
Música	音乐
Pimenta	胡椒
Quente	热
Sal	盐
Saladas	沙拉
Tomates	番茄
Verão	夏天

Cidade
小镇

Aeroporto	机场
Banco	银行
Biblioteca	图书馆
Cinema	电影
Escola	学校
Estádio	体育场
Farmácia	药店
Florista	花店
Galeria	画廊
Hotel	酒店
Jardim Zoológico	动物园
Livraria	书店
Mercado	市场
Museu	博物馆
Padaria	面包店
Restaurante	餐厅
Salão	沙龙
Supermercado	超级市场
Teatro	剧院
Universidade	大学

Ciência
科学

Átomo	原子
Cientista	科学家
Clima	气候
Dados	数据
Evolução	进化
Fato	事实
Física	物理
Fóssil	化石
Gravidade	重力
Hipótese	假设
Laboratório	实验室
Método	方法
Minerais	矿物
Moléculas	分子
Natureza	大自然
Observação	观察
Organismo	生物
Partículas	粒子
Plantas	植物
Químico	化学的

Circo
马戏团

Acrobata	杂技演员
Animais	动物
Balões	气球
Bilhete	票
Desfile	游行
Doce	糖果
Elefante	大象
Espectador	观众
Espetacular	壮观
Leão	狮子
Macaco	猴子
Magia	魔法
Malabarista	杂耍
Mágico	魔术师
Música	音乐
Palhaço	小丑
Tenda	帐篷
Tigre	老虎
Traje	服装
Truque	诡计

Clima
天气

Arco-Íris	彩虹
Atmosfera	大气
Brisa	微风
Céu	天空
Clima	气候
Furacão	飓风
Gelo	冰
Monção	季风
Nevoeiro	雾
Nuvem	云
Polar	极地
Relâmpago	闪电
Seca	干旱
Seco	干燥
Temperatura	温度
Tempestade	风暴
Tornado	龙卷风
Tropical	热带
Trovão	雷声
Vento	风

Comédia
喜剧

Aplauso	掌声
Ator	演员
Atriz	女演员
Engraçado	有趣
Expressivo	富有表现力
Gênero	类型
Humor	幽默
Improvisação	即兴创作
Palhaços	小丑
Paródia	模仿
Piada	笑话
Público	观众
Riso	笑声
Teatro	剧院
Televisão	电视

Comida # 2
食物 #2

Alcachofra	朝鲜蓟
Amêndoa	杏仁
Arroz	米
Banana	香蕉
Beringela	茄子
Brócolis	西兰花
Cereja	樱桃
Chocolate	巧克力
Cogumelo	蘑菇
Frango	鸡
Iogurte	酸奶
Kiwi	猕猴桃
Maçã	苹果
Ovo	蛋
Peixe	鱼
Presunto	火腿
Queijo	奶酪
Tomate	番茄
Trigo	小麦
Uva	葡萄

Comida #1
食物 #1

Açúcar	糖
Alho	大蒜
Amendoim	花生
Atum	金枪鱼
Bolo	蛋糕
Canela	肉桂
Cebola	洋葱
Cenoura	胡萝卜
Cevada	大麦
Damasco	杏
Espinafre	菠菜
Leite	牛奶
Limão	柠檬
Manjericão	罗勒
Morango	草莓
Nabo	芜菁
Sal	盐
Salada	沙拉
Sopa	汤
Suco	果汁

Conservação
保护

Ambiental	环境的
Água	水
Ciclo	周期
Clima	气候
Ecossistema	生态系统
Educação	教育
Habitat	生境
Natural	自然
Orgânico	有机
Pesticida	农药
Poluição	污染
Reciclar	回收
Reduzir	减少
Saúde	健康
Verde	绿色
Voluntário	志愿者

Cores
颜色

Amarelo	黄色
Azul	蓝色
Bege	米色
Branco	白色
Ciano	青色
Cinza	灰色
Fuchsia	紫红色
Laranja	橙色
Magenta	品红
Marrom	棕色
Preto	黑色
Rosa	粉红色
Roxo	紫色
Sépia	棕褐色
Verde	绿色
Vermelho	红色

Corpo Humano
人体

Boca	嘴
Cabeça	头
Cérebro	脑
Coração	心
Cotovelo	肘部
Dedo	手指
Joelho	膝盖
Mandíbula	颚
Mão	手
Nariz	鼻子
Olho	眼睛
Ombro	肩膀
Orelha	耳朵
Pele	皮肤
Perna	腿
Pescoço	脖子
Queixo	下巴
Sangue	血
Testa	前额
Tornozelo	踝

Cozinha
厨房

Avental	围裙
Chaleira	水壶
Colheres	勺子
Cups	杯子
Especiarias	香料
Esponja	海绵
Facas	刀
Forno	烤箱
Garfos	叉
Geladeira	冰箱
Grelha	烧烤
Guardanapo	餐巾
Jar	罐
Jarro	壶
Pauzinhos	筷子
Receita	食谱
Tigela	碗

Dança
跳舞

Academia	学院
Alegre	快乐
Arte	艺术
Clássico	古典
Coreografia	编舞
Corpo	身体
Cultura	文化
Emoção	情感
Expressivo	富有表现力
Graça	优雅
Movimento	运动
Música	音乐
Parceiro	伙伴
Postura	姿势
Ritmo	节奏
Saltar	跳
Tradicional	传统的
Visual	视觉的

Dias e Meses
天和月

Abril	四月
Agosto	八月
Ano	年
Calendário	日历
Dezembro	十二月
Domingo	星期日
Fevereiro	二月
Janeiro	一月
Julho	七月
Junho	六月
Mês	月
Novembro	十一月
Outubro	十月
Quinta-Feira	星期四
Sábado	星期六
Segunda-Feira	星期一
Semana	周
Setembro	九月
Sexta-Feira	星期五
Terça	星期二

Dinossauros
恐龙

Asas	翅膀
Carnívoro	食肉动物
Cauda	尾巴
Desaparecimento	消失
Enorme	巨大
Espécies	物种
Evolução	进化
Fósseis	化石
Grande	大
Herbívoro	食草动物
Mamute	猛犸象
Onívoro	杂食动物
Poderoso	强大
Presa	猎物
Pré-Histórico	史前
Raptor	猛禽
Réptil	爬行动物
Tamanho	尺寸
Terra	地球
Vicioso	恶毒

Dirigindo
驾驶

Acidente	事故
Carro	汽车
Combustível	燃料
Cuidado	警告
Estrada	路
Freios	刹车
Garagem	车库
Gás	气体
Licença	执照
Mapa	地图
Motocicleta	摩托车
Motor	马达
Pedestre	行人
Perigo	危险
Polícia	警察
Rua	街
Segurança	安全
Transporte	运输
Tráfego	交通
Túnel	隧道

Disciplinas Científicas
科学学科

Anatomia	解剖学
Arqueologia	考古学
Astronomia	天文学
Biologia	生物学
Bioquímica	生物化学
Botânica	植物学
Cinesiologia	运动学
Ecologia	生态学
Fisiologia	生理学
Geologia	地质学
Imunologia	免疫学
Linguística	语言学
Meteorologia	气象学
Mineralogia	矿物学
Neurologia	神经学
Psicologia	心理学
Química	化学
Sociologia	社会学
Termodinâmica	热力学
Zoologia	动物学

Ecologia
生态学

Clima	气候
Comunidades	社区
Diversidade	多样性
Espécies	物种
Fauna	动物群
Habitat	生境
Marinho	海洋
Natural	自然
Natureza	大自然
Pântano	沼泽
Plantas	植物
Recursos	资源
Seca	干旱
Sobrevivência	生存
Vegetação	植被
Voluntários	志愿者

Edifícios
建筑物

Apartamento	公寓
Castelo	城堡
Celeiro	谷仓
Cinema	电影
Embaixada	大使馆
Escola	学校
Estádio	体育场
Fazenda	农场
Fábrica	工厂
Garagem	车库
Hospital	医院
Hotel	酒店
Laboratório	实验室
Museu	博物馆
Observatório	天文台
Supermercado	超级市场
Teatro	剧院
Tenda	帐篷
Torre	塔
Universidade	大学

Emoções
情绪

Alegria	喜悦
Amor	爱
Bem-Aventurança	极乐
Bondade	善良
Calmo	平静
Conteúdo	内容
Grato	感激的
Medo	恐惧
Paz	和平
Raiva	愤怒
Relaxado	放松
Satisfeito	满意
Simpatia	同情
Ternura	温柔
Tédio	无聊
Tranquilidade	宁静
Tristeza	悲伤

Escalada
攀

Altitude	高度
Atmosfera	大气层
Botas	靴子
Caminhada	远足
Capacete	头盔
Caverna	洞穴
Curiosidade	好奇心
Desafios	挑战
Especialista	专家
Estabilidade	稳定性
Estreito	窄
Força	力量
Guias	指南
Luvas	手套
Mapa	地图
Terreno	地形

Escola # 2
学校 #2

Amigos	朋友
Aprendizagem	学习
Atividades	活动
Biblioteca	图书馆
Calendário	日历
Ciência	科学
Computador	电脑
Dicionário	字典
Educação	教育
Gramática	语法
Jogos	游戏
Lápis	铅笔
Leitura	阅读
Literatura	文献
Livros	书籍
Matemática	数学
Mochila	背包
Papel	纸
Professor	老师
Tesoura	剪刀

Escola #1
学校 #1

Alfabeto	字母
Almoço	午餐
Amigos	朋友
Biblioteca	图书馆
Cadeira	椅子
Canetas	笔
Exames	考试
Lápis	铅笔
Livros	书籍
Marcadores	标记
Matemática	数学
Números	数字
Papel	纸
Pastas	文件夹
Professor	老师
Questionário	测验
Respostas	答案

Especiarias
香料

Açafrão	藏红花
Alcaçuz	甘草
Alho	大蒜
Amargo	苦
Azedo	酸的
Baunilha	香草
Canela	肉桂
Cardamomo	豆蔻
Caril	咖喱
Cebola	洋葱
Coentro	香菜
Cominho	孜然
Cravo	丁香
Doce	甜蜜的
Funcho	茴香
Gengibre	姜
Noz-Moscada	肉豆蔻
Pimenta	胡椒
Sabor	味道
Sal	盐

Esportes
体育

Atleta	运动员
Árbitro	裁判
Basquete	篮球
Beisebol	棒球
Bicicleta	自行车
Campeonato	冠军
Equipe	团队
Estádio	体育场
Ganhador	优胜者
Ginásio	体育馆
Ginástica	体操
Golfe	高尔夫球
Hóquei	曲棍球
Jogador	播放器
Jogo	游戏
Movimento	运动
Tênis	网球
Treinador	教练

Exploração
探索

Animais	动物
Atividade	活动
Busca	寻求
Coragem	勇气
Culturas	文化
Descoberta	发现
Desconhecido	未知
Determinação	决心
Espaço	空间
Exaustão	精疲力竭
Língua	语言
Novo	新的
Perigos	危害
Selvagem	荒野
Terreno	地形
Viagem	旅行

Família
家庭

Antepassado	祖先
Avó	祖母
Avô	祖父
Criança	孩子
Esposa	妻子
Filha	女儿
Infância	童年
Irmã	姐姐
Irmão	兄弟
Marido	丈夫
Materno	产妇
Mãe	母亲
Neto	孙子
Pai	父亲
Paterno	父亲的
Primo	表哥
Sobrinha	侄女
Sobrinho	侄子
Tia	阿姨
Tio	叔叔

Fazenda #1
农场 #1

Abelha	蜜蜂
Agricultura	农业
Arroz	米
Água	水
Bezerro	小腿
Burro	驴
Cabra	山羊
Campo	领域
Cavalo	马
Cão	狗
Cerca	栅栏
Corvo	乌鸦
Feno	干草
Fertilizante	肥料
Frango	鸡
Gato	猫
Mel	蜂蜜
Porco	猪
Rebanho	羊群
Vaca	牛

Fazenda #2
农场 #2

Agricultor	农民
Animais	动物
Celeiro	谷仓
Cevada	大麦
Cordeiro	羊肉
Fruta	水果
Ganso	鹅
Irrigação	灌溉
Leite	牛奶
Lhama	美洲驼
Milho	玉米
Ovelha	羊
Pastor	牧羊人
Pato	鸭
Pomar	果园
Prado	草甸
Trator	拖拉机
Trigo	小麦
Vegetal	蔬菜

Ferramentas
工具

Alicate	钳子
Cabo	电缆
Cola	胶水
Corda	绳子
Escada	梯子
Faca	刀
Grampeador	订书机
Machado	轴
Malho	槌
Martelo	锤子
Navalha	剃刀
Parafuso	螺丝
Pá	铲
Roda	车轮
Tesoura	剪刀
Tocha	火炬

Férias #1
假期 #1

Alfândega	海关
Avião	飞机
Bilhete	票
Bonde	电车
Carro	汽车
Expedição	远征
Guarda-Chuva	伞
Itinerário	行程
Lago	湖
Mala	手提箱
Mochila	背包
Moeda	货币
Museu	博物馆
Partida	离开
Relaxamento	放松
Turista	游客

Férias #2
假期 #2

Acampamento	露营
Aeroporto	机场
Destino	目的地
Estrangeiro	外国人
Feriado	假期
Fotos	照片
Hotel	酒店
Ilha	岛
Lazer	暇
Mapa	地图
Mar	海
Passaporte	护照
Praia	海滩
Restaurante	餐厅
Táxi	出租车
Tenda	帐篷
Transporte	运输
Viagem	旅程
Visto	签证

Ficção Científica
科幻小说

Atómico	原子
Cenário	场景
Cinema	电影
Clones	克隆
Distopia	反乌托邦
Explosão	爆炸
Extremo	极端
Fogo	火
Futurista	未来派
Galáxia	星系
Ilusão	错觉
Imaginário	虚构的
Livros	书籍
Misterioso	神秘
Mundo	世界
Oráculo	甲骨文
Planeta	行星
Robôs	机器人
Tecnologia	技术
Utopia	乌托邦

Flores
鲜花

Buquê	花束
Calêndula	金盏花
Dente-De-Leão	蒲公英
Gardênia	栀子花
Girassol	向日葵
Hibisco	芙蓉
Jasmim	茉莉花
Lavanda	薰衣草
Lírio	百合
Magnólia	玉兰
Margarida	雏菊
Narciso	水仙花
Orquídea	兰花
Papoula	罂粟
Peônia	牡丹
Pétala	花瓣
Rosa	玫瑰
Trevo	三叶草
Tulipa	郁金香

Floresta Tropical
雨林

Anfíbios	两栖动物
Botânico	植物
Clima	气候
Comunidade	社区
Diversidade	多样性
Espécies	物种
Insetos	昆虫
Mamíferos	哺乳动物
Musgo	苔藓
Natureza	大自然
Nuvens	云
Pássaros	鸟类
Preservação	保存
Refúgio	避难所
Respeito	尊重
Restauração	恢复
Selva	丛林
Sobrevivência	生存
Valioso	有价值的

Formas
形状

Arco	弧
Canto	角落
Cilindro	圆筒
Círculo	圈
Cone	锥体
Cubo	立方体
Curva	曲线
Elipse	椭圆
Hipérbole	双曲线
Lado	边
Linha	线
Oval	椭圆形
Pirâmide	金字塔
Polígono	多边形
Prisma	棱镜
Quadrado	广场
Retângulo	矩形
Triângulo	三角形

Frutas
水果

Abacate	鳄梨
Abacaxi	菠萝
Amora	黑莓
Baga	浆果
Banana	香蕉
Cereja	樱桃
Coco	椰子
Damasco	杏
Figo	无花果
Framboesa	覆盆子
Kiwi	猕猴桃
Laranja	橙色
Limão	柠檬
Maçã	苹果
Mamão	木瓜
Manga	芒果
Nectarina	油桃
Pera	梨
Pêssego	桃
Uva	葡萄

Gatos
猫

Brincalhão	好玩的
Caçador	猎人
Cauda	尾巴
Curioso	好奇
Dormir	睡觉
Engraçado	有趣
Fio	纱
Garra	爪
Independente	独立
Louco	疯狂的
Mouse	鼠
Pata	爪子
Pele	毛皮
Personalidade	个性
Selvagem	荒野
Tímido	害羞

Geografia
地理

Altitude	高度
Atlas	地图集
Cidade	城市
Continente	大陆
Hemisfério	半球
Ilha	岛
Latitude	纬度
Mapa	地图
Mar	海
Meridiano	子午线
Montanha	山
Mundo	世界
Norte	北
Oceano	海洋
Oeste	西
País	国家
Região	地区
Rio	河
Sul	南
Território	领土

Geologia
地质学

Ácido	酸
Camada	层
Caverna	洞穴
Cálcio	钙
Continente	大陆
Coral	珊瑚
Cristais	水晶
Erosão	侵蚀
Estalactite	钟乳石
Estalagmites	石笋
Fóssil	化石
Lava	熔岩
Minerais	矿物
Pedra	石头
Platô	高原
Quartzo	石英
Sal	盐
Terremoto	地震
Vulcão	火山
Zona	区

Herbalismo
草药学

Açafrão	藏红花
Alecrim	迷迭香
Alho	大蒜
Aromático	芳香
Benéfico	有益的
Coentro	香菜
Estragão	龙蒿
Flor	花
Funcho	茴香
Ingrediente	成分
Jardim	花园
Lavanda	薰衣草
Manjericão	罗勒
Manjerona	马郁兰
Planta	植物
Qualidade	质量
Sabor	味道
Salsa	香菜
Tomilho	百里香
Verde	绿色

Insetos
昆虫

Abelha	蜜蜂
Barata	蟑螂
Besouro	甲虫
Borboleta	蝴蝶
Cigarra	蝉
Cupim	白蚁
Formiga	蚂蚁
Gafanhoto	蚱蜢
Joaninha	瓢虫
Larva	幼虫
Libélula	蜻蜓
Louva-A-Deus	螳螂
Mariposa	蛾
Minhoca	蠕虫
Mosquito	蚊子
Pulga	跳蚤
Pulgão	蚜
Vespa	黄蜂

Instrumentos Musicais
乐器

Bandolim	曼陀林
Banjo	班卓琴
Clarinete	单簧管
Fagote	巴松管
Flauta	长笛
Gaita	口琴
Gongo	锣
Harpa	竖琴
Marimba	马林巴
Oboé	双簧管
Pandeiro	铃鼓
Percussão	打击乐器
Piano	钢琴
Saxofone	萨克斯管
Tambor	鼓
Trombone	长号
Trompete	喇叭
Violão	吉他
Violino	小提琴
Violoncelo	大提琴

Jardim
花园

Ancinho	耙
Arbusto	灌木
Árvore	树
Cerca	栅栏
Ervas Daninhas	杂草
Flor	花
Garagem	车库
Grama	草
Gramado	草坪
Jardim	花园
Lagoa	池塘
Maca	吊床
Mangueira	软管
Pá	铲
Pomar	果园
Solo	土壤
Terraço	平台
Trampolim	蹦床
Varanda	门廊

Literatura
文学

Analogia	类比
Análise	分析
Anedota	轶事
Autor	作者
Biografia	传记
Comparação	比较
Conclusão	结论
Descrição	描述
Diálogo	对话
Estilo	风格
Ficção	小说
Metáfora	隐喻
Narrador	旁白
Opinião	意见
Poema	诗
Poético	诗意
Rima	韵
Ritmo	节奏
Tema	主题
Tragédia	悲剧

Livros
书籍

Autor	作者
Aventura	冒险
Coleção	收藏
Contexto	上下文
Dualidade	二元性
Escrito	书面的
Épico	史诗
História	故事
Histórico	历史的
Inventivo	发明
Leitor	读者
Literário	文学
Narrador	旁白
Página	页
Poema	诗
Poesia	诗歌
Relevante	相关的
Romance	小说
Série	系列
Trágico	悲剧

Mamíferos
哺乳动物

Baleia	鲸
Camelo	骆驼
Canguru	袋鼠
Castor	海狸
Cavalo	马
Cão	狗
Coelho	兔子
Coiote	郊狼
Elefante	大象
Gato	猫
Girafa	长颈鹿
Golfinho	海豚
Gorila	大猩猩
Leão	狮子
Lobo	狼
Macaco	猴子
Ovelha	羊
Raposa	狐狸
Touro	公牛
Zebra	斑马

Matemática
数学

Aritmética	算术
Ângulos	角度
Circunferência	周长
Decimal	十进制
Diâmetro	直径
Equação	方程
Expoente	指数
Fração	分数
Geometria	几何学
Paralelo	平行
Paralelogramo	平行四边形
Perpendicular	垂直
Polígono	多边形
Quadrado	广场
Raio	半径
Retângulo	矩形
Simetria	对称
Soma	和
Triângulo	三角形
Volume	卷

Material de Arte
美术用品

Acrílico	丙烯酸纤维
Apagador	橡皮
Aquarelas	水彩
Argila	黏土
Água	水
Cadeira	椅子
Carvão	木炭
Cavalete	画架
Câmera	照相机
Cola	胶水
Cores	颜色
Criatividade	创造力
Escovas	刷子
Lápis	铅笔
Mesa	桌子
Óleo	油
Papel	纸
Pastels	粉彩
Tinta	墨水
Tintas	油漆

Medições
测量

Altura	高度
Byte	字节
Centímetro	厘米
Comprimento	长度
Decimal	十进制
Grama	克
Largura	宽度
Litro	升
Massa	质量
Metro	米
Minuto	分钟
Onça	盎司
Peso	重量
Polegada	英寸
Profundidade	深度
Quarto	夸脱
Quilograma	公斤
Quilômetro	公里
Tonelada	吨
Volume	卷

Meditação
冥想

Aceitação	接受
Acordado	醒
Bondade	善良
Calmo	平静
Clareza	明晰
Compaixão	同情
Emoções	情绪
Felicidade	幸福
Gratidão	感激
Hábitos	习惯
Mental	心理
Movimento	运动
Música	音乐
Natureza	大自然
Observação	观察
Paz	和平
Perspectiva	透视
Postura	姿势
Respirando	呼吸
Silêncio	沉默

Mitologia
神话

Arquétipo	原型
Ciúmes	嫉妒
Comportamento	行为
Criação	创造
Criatura	生物
Cultura	文化
Desastre	灾难
Força	力量
Guerreiro	战士
Heroína	女主角
Herói	英雄
Imortalidade	不朽
Labirinto	迷宫
Lenda	传说
Mágico	神奇
Monstro	怪物
Mortal	凡人
Relâmpago	闪电
Trovão	雷
Vingança	复仇

Natureza
大自然

Abelhas	蜜蜂
Abrigo	庇护所
Animais	动物
Ártico	北极
Beleza	美
Deserto	沙漠
Dinâmico	动态
Erosão	侵蚀
Floresta	森林
Folhagem	树叶
Geleira	冰川
Nevoeiro	雾
Nuvens	云
Pacífico	和平
Rio	河
Santuário	避难所
Selvagem	荒野
Sereno	宁静
Tropical	热带
Vital	重要的

Nutrição
营养

Amargo	苦
Apetite	食欲
Calorias	卡路里
Carboidratos	碳水化合物
Comestível	食用
Dieta	饮食
Digestão	消化
Equilibrado	平衡的
Fermentação	发酵
Líquidos	液体
Molho	酱
Nutriente	养分
Peso	重量
Porção	部分
Proteínas	蛋白质
Qualidade	质量
Sabor	味道
Saúde	健康
Toxina	毒素
Vitamina	维生素

Números
数字

Cinco	五
Decimal	十进制
Dez	十
Dezesseis	十六
Dezessete	十七
Dezoito	十八
Dois	二
Doze	十二
Nove	九
Oito	八
Quatorze	十四
Quatro	四
Quinze	十五
Seis	六
Sete	七
Treze	十三
Três	三
Um	一
Vinte	二十
Zero	零

Oceano
海洋

Alga	藻类
Atum	金枪鱼
Baleia	鲸
Barco	船
Camarão	虾
Caranguejo	螃蟹
Coral	珊瑚
Enguia	鳗鱼
Esponja	海绵
Golfinho	海豚
Marés	潮汐
Medusa	海蜇
Ostra	牡蛎
Peixe	鱼
Polvo	章鱼
Recife	礁
Sal	盐
Tartaruga	乌龟
Tempestade	风暴
Tubarão	鲨鱼

Paisagens
景观

Cascata	瀑布
Caverna	洞穴
Deserto	沙漠
Estuário	河口
Geleira	冰川
Golfo	海湾
Iceberg	冰山
Ilha	岛
Lago	湖
Mar	海
Montanha	山
Oásis	绿洲
Oceano	海洋
Pântano	沼泽
Península	半岛
Praia	海滩
Rio	河
Tundra	苔原
Vale	山谷
Vulcão	火山

Países #2
国家 #2

Albânia	阿尔巴尼亚
Dinamarca	丹麦
França	法国
Grécia	希腊
Haiti	海地
Indonésia	印度尼西亚
Irlanda	爱尔兰
Jamaica	牙买加
Japão	日本
Laos	老挝
Líbano	黎巴嫩
México	墨西哥
Nepal	尼泊尔
Nigéria	尼日利亚
Paquistão	巴基斯坦
Rússia	俄罗斯
Síria	叙利亚
Somália	索马里
Ucrânia	乌克兰
Uganda	乌干达

Pássaros
鸟类

Avestruz	鸵鸟
Águia	鹰
Cegonha	鹳
Cisne	天鹅
Corvo	乌鸦
Cuco	杜鹃
Flamingo	火烈鸟
Frango	鸡
Gaivota	鸥
Ganso	鹅
Garça	苍鹭
Ovo	蛋
Papagaio	鹦鹉
Pardal	麻雀
Pato	鸭
Pavão	孔雀
Pelicano	鹈鹕
Pinguim	企鹅
Pombo	鸽子
Tucano	巨嘴鸟

Pesca
钓鱼

Água	水
Barbatanas	鳍
Barco	船
Brânquias	鳃
Cesta	篮子
Equipamento	设备
Exagero	夸张
Gancho	钩
Isca	诱饵
Lago	湖
Mandíbula	颚
Oceano	海洋
Paciência	耐心
Peso	重量
Praia	海滩
Rio	河
Temporada	季节

Piratas
海盗

Aventura	冒险
Âncora	锚
Bússola	罗盘
Capitão	队长
Caverna	洞穴
Cicatriz	疤痕
Espada	剑
Ilha	岛
Lenda	传说
Mapa	地图
Mau	坏
Moedas	硬币
Oceano	海洋
Ouro	黄金
Papagaio	鹦鹉
Perigo	危险
Praia	海滩
Rum	朗姆酒
Tesouro	宝藏
Tripulação	船员

Plantas
植物

Arbusto	灌木
Árvore	树
Baga	浆果
Bambu	竹子
Botânica	植物学
Cacto	仙人掌
Erva	草本植物
Feijão	豆
Fertilizante	肥料
Flor	花
Flora	植物
Floresta	森林
Folhagem	树叶
Grama	草
Hera	常春藤
Jardim	花园
Musgo	苔藓
Pétala	花瓣
Raiz	根
Vegetação	植被

Praia
海滩

Areia	沙
Azul	蓝色
Barco	船
Caranguejo	螃蟹
Costa	海岸
Doca	码头
Guarda-Chuva	伞
Ilha	岛
Lagoa	泻湖
Mar	海
Oceano	海洋
Recife	礁
Sandálias	凉鞋
Sol	太阳
Toalha	毛巾
Veleiro	帆船

Profissões #1
职业 #1

Advogado	律师
Artista	艺术家
Astrônomo	天文学家
Banqueiro	银行家
Bombeiro	消防队员
Caçador	猎人
Cartógrafo	制图师
Cientista	科学家
Dançarino	舞蹈家
Editor	编辑
Embaixador	大使
Encanador	水管工
Enfermeira	护士
Geólogo	地质学家
Joalheiro	珠宝商
Marinheiro	水手
Músico	音乐家
Pianista	钢琴家
Psicólogo	心理学家
Veterinário	兽医

Profissões #2
职业 #2

Agricultor	农民
Astronauta	宇航员
Bibliotecário	图书管理员
Biólogo	生物学家
Cirurgião	外科医生
Dentista	牙医
Engenheiro	工程师
Filósofo	哲学家
Fotógrafo	摄影师
Ilustrador	插画家
Inventor	发明者
Investigador	研究员
Jardineiro	园丁
Jornalista	记者
Linguista	语言学家
Médico	医生
Piloto	飞行员
Pintor	画家
Professor	老师
Zoólogo	动物学家

Restaurante # 2
餐厅 #2

Almoço	午餐
Aperitivo	开胃菜
Água	水
Bebida	饮料
Bolo	蛋糕
Cadeira	椅子
Colher	勺子
Delicioso	美味
Especiarias	香料
Fruta	水果
Garçom	服务员
Garfo	叉子
Gelo	冰
Jantar	晚餐
Legumes	蔬菜
Macarrão	面条
Peixe	鱼
Sal	盐
Salada	沙拉
Sopa	汤

Restaurante #1
餐厅 #1

Alergia	过敏
Café	咖啡
Caixa	出纳员
Carne	肉
Cozinha	厨房
Faca	刀
Frango	鸡
Garçonete	女服务员
Guardanapo	餐巾
Menu	菜单
Molho	酱
Pão	面包
Picante	辣
Placa	盘子
Reserva	保留
Sobremesa	甜点
Tigela	碗

Roupas
衣服

Avental	围裙
Calça	裤子
Camisa	衬衫
Casaco	外套
Chapéu	帽子
Cinto	带
Colar	项链
Jaqueta	夹克
Jeans	牛仔裤
Lenço	围巾
Luvas	手套
Meias	袜子
Moda	时尚
Pijama	睡衣
Pulseira	手镯
Saia	短裙
Sandálias	凉鞋
Sapato	鞋
Suéter	毛衣
Vestido	连衣裙

Sons
听起来

Alto	大声
Apito	哨
Aplaudir	拍
Concerto	音乐会
Coro	合唱
Eco	回声
Gemer	呻吟
Repetitivo	重复
Riso	笑声
Ruidoso	嘈杂
Sino	钟
Sussurrar	耳语
Tosse	咳嗽
Vibração	振动
Vozes	声音

Surf
冲浪

Atleta	运动员
Campeão	冠军
Espuma	泡沫
Estilo	风格
Estômago	胃
Extremo	极端
Força	力量
Multidões	人群
Oceano	海洋
Onda	波
Popular	流行的
Praia	海滩
Principiante	初学者
Rapidez	速度
Recife	礁
Tempo	天气

Tecnologia
技术

Arquivo	文件
Blog	博客
Bytes	字节
Câmera	照相机
Computador	电脑
Cursor	光标
Dados	数据
Digital	数字
Estatísticas	统计数据
Fonte	字体
Internet	互联网
Mensagem	信息
Navegador	浏览器
Pesquisa	研究
Segurança	安全
Software	软件
Tela	屏幕
Virtual	虚拟
Vírus	病毒

Tempo
時間

Agora	现在
Ano	年
Antes	以前
Anual	每年
Calendário	日历
Década	十年
Dia	日
Futuro	未来
Hoje	今天
Hora	小时
Manhã	早晨
Meio-Dia	中午
Mês	月
Minuto	分钟
Momento	时刻
Noite	晚上
Ontem	昨天
Relógio	时钟
Semana	周
Século	世纪

Tipos de Cabelo
头发类型

Branco	白色
Brilhante	闪亮的
Cachos	卷发
Careca	秃
Cinza	灰色
Curto	短
Encaracolado	卷曲
Fino	薄
Grosso	厚
Loiro	金发
Longo	长
Marrom	棕色
Prata	银
Preto	黑色
Saudável	健康
Seco	干
Suave	柔软的
Trançado	编织
Tranças	辫子

Vegetais
蔬菜

Abóbora	南瓜
Aipo	芹菜
Alcachofra	朝鲜蓟
Alho	大蒜
Batata	土豆
Beringela	茄子
Brócolis	西兰花
Cebola	洋葱
Cenoura	胡萝卜
Chalota	葱
Cogumelo	蘑菇
Ervilha	豌豆
Espinafre	菠菜
Gengibre	姜
Nabo	芜菁
Pepino	黄瓜
Rabanete	萝卜
Salada	沙拉
Salsa	香菜
Tomate	番茄

Veículos
车辆

Ambulância	救护车
Avião	飞机
Balsa	渡轮
Barco	船
Bicicleta	自行车
Caminhão	卡车
Caravana	大篷车
Carro	汽车
Foguete	火箭
Furgão	货车
Helicóptero	直升机
Jangada	筏
Lambreta	滑板车
Metrô	地铁
Motor	马达
Ônibus	总线
Pneus	轮胎
Submarino	潜艇
Táxi	出租车
Trator	拖拉机

Verão
夏天

Acampamento	露营
Alegria	喜悦
Amigos	朋友
Casa	家
Estrelas	星星
Família	家庭
Jardim	花园
Jogos	游戏
Lazer	暇
Livros	书籍
Mar	海
Mergulho	潜水
Música	音乐
Praia	海滩
Relaxamento	放松
Sandálias	凉鞋
Viagem	旅行

Xadrez
象棋

Branco	白色
Campeão	冠军
Concurso	比赛
Desafios	挑战
Diagonal	对角线
Estratégia	战略
Jogador	播放器
Jogo	游戏
Oponente	对手
Passivo	被动
Pontos	点
Preto	黑色
Rainha	女王
Regras	规则
Rei	王
Sacrifício	牺牲
Tempo	时间

Parabéns

Conseguiu!

Esperamos que tenha gostado tanto deste livro como nós gostamos de o desenhar. Esforçamo-nos por criar livros da mais alta qualidade possível.
Esta edição foi concebida para proporcionar uma aprendizagem inteligente, de qualidade e divertida!

Gostou deste livro?

Um simples pedido

Estes livros existem graças às críticas que publica.
Pode ajudar-nos, deixando agora uma revisão?

Aqui está um pequeno link para
a sua página de revisão:

BestBooksActivity.com/Avaliacoes50

DESAFIO FINAL!

Desafio n° 1

Está pronto para o seu jogo grátis? Usamo-los a toda a hora, mas não são tão fáceis de encontrar - aqui estão os **Sinônimos!**

Escreva 5 palavras que encontrou nos puzzles (n° 21, n° 36, n° 76) e tente encontrar 2 sinónimos para cada palavra.

Escreva 5 palavras de **Puzzle 21**

Palavras	Sinônimo 1	Sinônimo 2

Escreva 5 palavras de **Puzzle 36**

Palavras	Sinônimo 1	Sinônimo 2

Escreva 5 palavras de **Puzzle 76**

Palavras	Sinônimo 1	Sinônimo 2

Desafio n° 2

Agora que já aqueceu, escreva 5 palavras que encontrou nos Puzzles (n° 9, n° 17 e n° 25) e tente encontrar 2 antônimos para cada palavra. Quantos se podem encontrar em 20 minutos?

Escreva 5 palavras de *Puzzle 9*

Palavras	Antônimo 1	Antônimo 2

Escreva 5 palavras de *Puzzle 17*

Palavras	Antônimo 1	Antônimo 2

Escreva 5 palavras de *Puzzle 25*

Palavras	Antônimo 1	Antônimo 2

Desafio n° 3

Óptimo! Este desafio final não é nada para si.

Pronto para o desafio final? Escolha 10 palavras que tenha descoberto nos diferentes puzzles e escreva-as abaixo.

1.	6.
2.	7.
3.	8.
4.	9.
5.	10.

Agora escreva um texto a pensar numa pessoa, num animal ou num lugar de seu agrado.

Pode utilizar a última página deste livro como um rascunho.

A Sua Composição:

CADERNO DE NOTAS:

ATÉ BREVE!

A equipa Inteira

DESCUBRA JOGOS GRATUITOS

GO

↓

BESTACTIVITYBOOKS.COM/FREEGAMES